LE

DUC D'OTRANTE.

AVIS DE L'ÉDITEUR.

Je déclare que tout Exemplaire qui ne sera pas revêtu de ma Signature, sera contrefait, et que je poursuivrai le Contrefacteur.

LE

DUC D'OTRANTE,

MÉMOIRE

ÉCRIT A L****, EN JANVIER 1820;

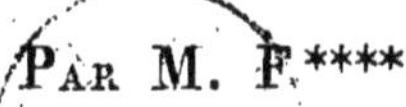

PAR M. F****

> Silence ou vérité.
> LES BRAVES, chant III.

A PARIS,
CHEZ L'ÉDITEUR, RUE VALOIS-BATAVE, N°. 8;
ET, AU PALAIS-ROYAL,
CHEZ { CORRÉARD, DELAUNAY, PÉLICIER, } Libraires.

Imprimerie de VIGOR RENAUDIERE,
Marché-Neuf, n°. 48.

1820.

ses idées. Loin d'éluder une réponse, le jeune homme engagea la conversation sur les choses les plus abstraites.

Se trouvant destiné à suivre la carrière où son père se distinguait, il se livra bientôt, avec succès, aux pénibles études qu'exigent les mathématiques, et était déjà sur le point de quitter le collége, lorsque M. Durif représenta à sa famille que la mer ne convenait pas à son tempérament. Il conseilla de le placer dans l'Oratoire, où il professerait un cours. Le Capitaine y ayant consenti, ne tarda pas à le faire conduire à l'institution établie dans la capitale.

On mit alors entre ses mains le catéchisme du concile de Trente et les ténébreux commentaires de cet illuminé qui jadis a fait tant de bruit sous le nom de Jansénius. Le nouvel Oratorien, ne pouvant surmonter le dégoût que lui inspirait une pareille étude, alla trouver le chef de la maison, M. Mérault, à qui ses protecteurs l'avaient recommandé d'une manière spéciale : il ne lui dissimula rien, et ce supérieur, qui avait autant de bonté que de lumières, le conduisit dans sa bibliothèque, où il lui permit de choisir les livres qui lui conviendraient. Il s'arrêta sur les œuvres de Massillon, de Nicole et de Mallebranche. Comme il ne voulait rien avoir désormais de caché pour un homme qui allait être son ami et son confesseur, il lui avoua qu'il lisait, en secret, dans sa chambre, Tacite, Horace, Euclide. Quoique l'usage des livres appelés profanes fut interdit dans l'oratoire, il obtint aisément la permission de garder les chefs-d'œuvre de ces grands hommes.

L'académie royale de Juilly, le collége d'Arras, l'école de Vendôme, le virent tour-à-tour professer dignement la morale, si nécessaire au bonheur de l'humanité; la logique, à qui la raison doit toute sa puissance; la métaphysique, dont l'homme peut, à la rigueur, se passer; la physique, si redoutable pour nos modernes thaumaturges, et les mathématiques, premiers degrés de ce trône superbe où s'éleva Bonaparte, pour y régner sans *précédent* (*) comme sans successeur.

(*) Si la France a perdu, en 1815, les trophées de sa gloire, elle a du moins su gagner pour sa langue, en les créant ou les détournant à son gré de leur sens ordinaire, les mots *ultrà*, *pondérant*, *charte*, *éminemment*, *bonapartiste*, *libéral*; *assume*, *terrain*, *précédent*, et vingt autres encore, qui enrichissent chaque jour le jargon politique et prouvent l'excellence du beau système des compensations. — Messieurs, dirais-je aux *doctrinaires* des trois partis, quand cesserez-vous, je vous prie, d'ouvrir la porte de l'éternel dictionnaire à ces termes dénaturés, *illégitimes*, ou tant soi peu barbares ? — Quand nous

La révolution éclate : Fouché renonce à l'oratoire, pour aller s'établir à Nantes, dans le dessein d'y exercer la profession d'avocat. Il avait de la répugnance pour l'état ecclésiastique, il se marie; il avait assez de fortune pour ne pas désirer de changement; il ne voit dans celui qui métamorphose la France, que le triomphe de la saine philosophie; il avait des mœurs simples, douces, réglées; il était sobre, tempérant; il ne montre ni le besoin ni le désir de l'or; nourri de solides études et d'idées justes, la révolution ne l'avait pas surpris dans le dénuement et le vague; et lorsqu'il se trouve appelé à la convention nationale, loin de chercher l'éclat, qu'il aurait obtenu, comme tant d'autres, à la tribune, il va s'ensevelir dans le modeste comité d'instruction publique, et s'y lie avec Condorcet.

Il n'eut jamais aucune liaison avec les Chabot (*), les Danton, les Marat, coryphées sanglans

---

aurons, répondraient-ils sans doute, fermé l'abime des révolutions.

(*) « Un jour que Robespierre, Danton, Collot-d'Herbois, Billaud-Varennes, Chabot et autres conspirateurs contre la vie de Louis XVI, tenaient un conciliabule à Charenton, pour délibérer à ce sujet, les conjurés se plaignirent de la multitude qu'il fallait employer, et qu'ils ne trouvaient pas suffisamment remplie de l'enthousiasme révolutionnaire. Comment compter, disait-il, sur des

de cet opéra infernal, qui s'appela gouvernement révolutionnaire. Cependant la *biographie*, qu'on a si justement traitée de spéculation sur l'infortune, a peint Fouché comme un ami des plus farouches terroristes.

« Un club, dit-elle à son article, s'étant formé à Nantes, l'oratorien Fouché, philosophe et esprit fort, en devint un des membres les plus assidus et les plus ardens. L'exaltation de ses idées révolutionnaires, le fit nommer par son département député à la Convention nationale. Dépourvu de talens oratoires, Fouché se présenta rarement à la tribune. Ce ne fut que dans les débats sur le jugement de Louis XVI, qu'il prit la parole et

---

hommes du peuple qui demandent encore, quelquefois, quel prétexte on a pour l'insurrection ? « Eh bien, s'écrie Chabot, ils veulent un prétexte ? que ma mort le leur fournisse. . . » On l'écoute avec étonnement. « Oui, continue-t-il, le prétexte est simple. Je me trouverai cette » nuit dans une rue détournée : que quelques-uns de » vous s'y rendent, et me tuent ; que, sur le champ, on » répande parmi le peuple que la cour a payé des sicaires » pour immoler un député patriote ; que mon corps sanglant soit porté dans tous les lieux publics : la vengeance éclate sur le champ, le peuple est rempli de » fureur, l'insurrection se décide, et les Thuileries sont » à bas. »

Il dit ; mais le conseil de Charenton n'accepta pas le sacrifice révolutionnaire du capucin Chabot.

que sa frénésie cruelle commença à éclater. Il s'exprima en ces termes sur la question de l'appel au peuple : « Sommes-nous donc effrayés du courage avec lequel nous avons aboli la royauté? nous chancelons devant l'ombre d'un roi. (*)

Dans le procès de ce Monarque, on a été surpris du vote de Fouché, et il s'explique cependant : qu'on réfléchisse aux circonstances où il l'a prononcé, au courant si impétueux qui emportait tous les esprits à travers les évènemens,

---

(*) Qu'on ait injustement banni des hommes assez malheureux pour avoir de justes remords sur un jugement imité des *chers* anglais, grands protecteurs de *l'ultracisme*, c'est une opinion que je partage ou ne partage point. (Vous comprenez, monsieur de Mar... ; mais vous n'interprèterez pas.) Il reste clair du moins, que l'infortuné Louis XVI avait pardonné aux proscrits dans son sublime testament. Eh ! qu'importe à leur patience, à leur courage, les clameurs hypocrites de la tartuferie nobiliaire et jésuitique, lorsque les consolations d'une noble pitié les accompagnent au sein de l'infortune ?

Je déclare, en passant et de ma propre volonté, que je ne dois aucun service au Duc d'Otrante, que souvent j'ai frondé les aberrations de cet homme d'état, lorsqu'il était ministre, et que je veux être aujourd'hui, moi, ancien soldat qui ne crains sur ce triste globe que Dieu et ses vrais lieutenans ; que je veux être et serai constamment l'apologiste du malheur.

au magique pouvoir que les seuls mots de tyrannie, de trahison, de république, exerçaient à la fois sur une jeune tête, aux bruits infâmes et absurdes qu'on répandait contre la cour et contre l'infortuné prince, que des factieux, revêtus d'une vaste puissance voulaient sacrifier, et le sage dira, sans doute, avec le duc d'Otrante :

« Que le ciel ne m'a-t-il accordé, en naissant, la maturité de l'âge ! »

Nous devons, au surplus, nous taire sur son opinion dans le procès de Louis XVI, puisque Louis XVIII crut de voir le couvrir d'un voile, en le nommant son ministre de la police, et honorer ensuite, ainsi que plusieurs princes, le contrat qui l'unit à sa seconde épouse, de son auguste signature.

Dans la séance scandaleuse du 6 décembre 1819, où les représentans du premier peuple de l'Europe montrèrent, au fort de l'orage, une si noble contenance, tandis que les fiers oligarques y déployèrent l'attitude des terroristes de 1793 et de 1815, les sages amis de la Charte se virent obligés de rappeller le souvenir du duc d'Otrante, au sujet du comte Grégoire : il leur fallut défendre, aux dépens même d'un proscrit, ce vénérable philantrope, que les dignes Solon du jour, dont l'éloquence a démontré l'indignité des patriotes et des braves, et les Lycurgues gastronomes qui soutiennent la dignité des gouvernans Mazariniques, ont déclaré indigne de s'asseoir auprès d'eux dans la manufacture des bonnes et mauvaises lois, quand sa place est déjà marquée au Temple de la Gloire, qui leur est fermé à jamais.

Parmi les membres distingués et vraiment honorables dé cette chambre multiforme, on remarqua surtout, en cette occasion, MM. Manuel, Chauvelin, Dumarcay, Casimir-Perrier, Méchin, Devaux et Benjamin-Constant.

Si, disait ce dernier, la question ne s'était élevée que sur la légalité de l'élection qui nous occupe, je n'aurais point songé à prendre la parole; j'aurais pesé, pour me décider en silence, les raisonnemens pour la négative ou l'affirmative, et j'aurais voté suivant ma conviction. Quiconque est satisfait de nos institutions, heureux sous le gouvernement du Roi et de la Charte, ne peut avoir ni la volonté, ni l'intérêt de provoquer le trouble et le scandale (*). Mais on vous propose de cumuler deux questions, celle de l'éga-

---

(*) Sous le gouvernement du Roi et de la Charte, l'oligarchie ne saurait être heureuse : elle veut renverser la constitution et gouverner le Prince, pour opprimer le peuple, comme elle l'a fait si long-temps, à l'aide de son haut clergé.

lité et celle qu'on appelle *indignité*, question bien plus importante, puisqu'elle intéresse notre pacte fondamental, la représentation et l'honneur du trône. Oui, messieurs, l'honneur du trône, et je suis si frappé de cette vérité, que c'est la seule dont je me propose de vous occuper......

« Lorsque, le 8 juillet 1815, S. M. rentra dans sa capitale, vous savez tous dans quel état déplorable se trouvait la France, que de maux elle avait soufferts, combien de calamités la menaçaient encore, quelles divisions existaient, quelles animosités s'étaient réveillées, et jusqu'à quel point il importait, à la vue de 800 mille étrangers répandus sur notre territoire ou rassemblés sur nos frontières, de donner aux différens partis qu'agitaient encore la crainte ou la vengeance, des gages solennels qui leur rendissent la sécurité.

« Que fit le Roi ? Il sentit que les maux étant plus grands en 1815 qu'en 1814, il devait faire plus pour cicatriser des blessures devenues plus profondes. S. M., convaincue de cette vérité incontestable, et fidèle à cette noble abnégation d'elle-même qui l'a portée à limiter son propre pouvoir, s'imposa le plus grand des sacrifices.

» Un homme existait qui, non-seulement avait laissé dans les annales de la révolution, à ses époques les plus terribles, des traces dont toute l'Europe avait connaissance ; mais qui avait prononcé ce vote fatal, ce vote dont les amis de la liberté ont gémi plus que personne, parce qu'ils sentaient que ce vote funeste était un coup presque mortel à la liberté (*). Le Roi, Messieurs, l'appela dans ses conseils. Messieurs, daignez réfléchir que, si mes paroles excitaient vos murmures, ce ne serait pas contre mes paroles, mais contre une nomination royale que vos murmures seraient dirigés.

» Oui, Messieurs, cet homme, le Roi l'appela dans ses conseils.

» Malheur à qui ne verrait dans cette détermination royale qu'une politique vulgaire qui cherchait à s'appuyer d'un prétendu chef de parti.

» Certes, à cette époque même, il y avait dans tous les partis des hommes non moins influens. Il y avait des généraux à la tête d'armées encore nombreuses. Le Roi ne choisit point parmi eux, parce que ce n'était point un appui qu'il cherchait pour son trône, mais une preuve incontestable, éclatante, sublime, qu'il voulait

(*) La plupart de nos jugemens sont des erreurs de notre imagination. Errer, dit Pope, est notre commun apanage; et pardonner nous approche de Dieu. Il faut tuer l'erreur, selon Saint-Augustin, et sauver les errans.

donner de son oubli complet du passé (*). Ce fut une ratification solennelle de l'article 11 de la Charte, ratification d'autant plus digne d'hommages qu'elle fut offerte volontairement, à une époque où les étrangers pouvaient prêter leurs bras à la vengeance, si le Roi, par cet acte mémorable, ne leur eût déclaré qu'il ne voulait pas la vengeance, mais la fidélité à ce qu'il avait promis. Le Roi voulut, Messieurs, que la présence de l'homme qu'il avait appelé dans ses conseils, fut une preuve vivante que la parole des rois est sacrée, et que tout engagement contracté par eux est irrévocable. . . . .
. . . .

M. La Bourdonnaie qui, pour toute noblesse, porte le nom d'un homme assez célèbre et le sobriquet politique de comte de *Catégories*, crut répondre, en vociférant, à un orateur-publiciste.

» Je ne me propose point, dit ensuite M. Manuel, de rechercher quelles peuvent être les intentions de ceux qui ont persisté à provoquer cette discussion, au mépris du vœu clairement

(*) Le politique *pardonneur* ramène l'ordre et la sécurité parmi les intérêts et les passions ennemies.

exprimé par la grande majorité de cette Chambre. . . . .

. . . .

. . . .

Quel instrument de tyrannie qui rendrait la majorité d'une Chambre maîtresse d'exclure ceux de ses membres, dont l'énergie ou le talent rendraient l'opposition embarrassante ! Supposez une majorité factieuse ou servile au pouvoir, et voyez les conséquences.

» Sans doute de tels dangers ne sont point à craindre d'une Chambre telle que celle-ci. Mais qui ignore les suites funestes d'un premier pas vers l'arbitraire? Qui ignore, pour ne citer qu'un trait pris dans notre propre histoire, que les épurateurs du 31 mai ont été épurés à leur tour, et qu'ils ont payé de leur tête la politique insensée qui leur avait fait donner le fatal exemple de sacrifier les principes au besoin de justifier leurs passions? Les leçons de l'histoire seront-elles donc toujours perdues? (*). . . . .
. . . .

(*) Les leçons de l'histoire ne sont perdues que pour les mauvais princes, les conquérans et les ambitieux de toute espèce; elles vivent toujours pour les législateurs,

M. Pasquier, homme sensible, et, on le sait de reste, invariable en ses opinions, af-

---

les rois et les hommes d'état, véritablement dignes de ces titres augustes. Fouché lui même, pendant son ministère, n'oublia pas les leçons vigoureuses qu'offrent sans cesse les annales des nations.

M. Manuel, défenseur des principes et des proscrits, garda un silence obligé, dans cette séance orageuse, sur son ami le duc d'Otrante: il ne pouvait rien ajouter à ce sujet aux sages observations de M. Benjamin Constant, sans nuire à une juste cause, sans redoubler la frénésie des ultrà-féodaux qui méconnaissent la raison, la justice et la vérité; qui ouvrent souvent de grands yeux pour ne rien voir, une bouche démesurée pour ne rien dire, et qui dressent toujours des oreilles ambitieuses pour ne jamais entendre.

Pendant les premières campagnes de notre révolution, qui fait réellement, comme on l'avait prédit, le tour du globe, M. Manuel servit avec honneur dans la cavalerie, où il obint le rang de capitaine. Un passe-droit l'ayant déterminé à quitter le service, il embrassa la paisible carrière de la jurisprudence, se livra constamment à l'étude des lois, se fit recevoir avocat à la cour d'Aix, et y fut bientôt remarqué par son talent. Nommé, en 1815, par le département des Basses-Alpes, membre de l'énergique et célébre assemblée convoquée par Napoléon, il y montra une mâle éloquence et des opinions aussi franches que libérales. Après la dissolution de cette chambre mémorable, il rentra dans la vie privée, et rédigea des mémoires pour la défense du duc de Dalmatie et du prince d'Esling, dont les barbares du 19e siècle deman-

firma, d'un air affecté, qu'il était peu de circonstances qui pussent être plus pénibles pour lui et comme député et comme ministre du Roi. Il déclara ensuite qu'il venait seulement répondre à des assertions défavorables, et qui lui paraissaient calomnieuses; il se plaignit du déplorable usage qu'on avait fait d'un des actes les plus sublimes de la bonté royale, celui à qui Fouché devait l'honneur d'avoir été ministre et député sous le régime où M. le baron, député et ministre, acquiert chaque jour tant de gloire.

L'honorable baron Méchin (*), qui paraissait

---

daient à grands cris la tête, n'étant point assouvis par le *suicide* de Brune, le jugement de Ney, et le massacre de tant d'autres victimes. En 1816, il se présente au barreau de Paris pour être inscrit sur le tableau des avocats du ci-devant chef-lieu de l'univers : le conseil dirigeant nos Cicerons modernes, veut savoir quelle est, sur son compte, l'opinion des Demosthènes d'Aix; les renseignements obtenus lui sont tous favorables, et son admission n'en est pas moins ajournée indéfiniment. Mais, en 1817, il obtient à Paris un grand nombre de voix pour être député, et, peu de temps après, les Vendéens, voulant prouver, en dépit de la discipline des Cujas de la capitale, leur retour à la liberté, le nommèrent législateur.

(*) M. Alexandre Méchin suivait le barreau de Paris en 1789; il adopta tous les principes contre lesquels le fanatisme et l'aristocratie luttent encore vainement;

pour la première fois à la tribune constitutionnelle, justifiant la nomination du comte Grégoire, justifia aussi celle du duc d'Otrante, et se plaça d'abord au rang des orateurs politiques et citoyens.

Son discours finissait ainsi :

« Messieurs, nous sommes dans le port, ne le quittons plus. *Fortiter occupemus.* »

Et ces Messieurs, car l'orateur, en harmonie avec les citoyens qui honorent la Chambre et que le peuple honore, n'exhortait que les oli-

---

mais il ne se fit remarquer sous la bannière libérale, qu'en répondant à l'appel de Fréron, qui combattait alors les terroristes ennemis de la liberté, soit qu'ils portent le bonnet rouge, soit qu'ils ceignent l'écharpe blanche. En 1795, il parut à la barre de la Convention nationale, et exprima, au nom de la majorité des citoyens d'une noble cité que Brunsvick et Bouillé voulaient détruire, des sentimens de respect pour les lois, pour les personnes et les propriétés, de haine pour les jacobins et d'amour pour l'indépendance. Le directoire, en l'an VI de la république, le nomma commissaire à Malte ; mais un soulèvement excité contre les Français en Italie, ne lui permit pas de se rendre au poste où il eut remplacé Regnault de Saint-Jean d'Angely, qui se montra depuis l'un de nos premiers orateurs. Nommé préfet des Landes, il le devint ensuite de la Roer, de l'Aisne, du Calvados et d'Isle et Vilaine au retour de Bonaparte.

garques, ces Messieurs se sont embarqués sans capitaine, ont quitté le port sans pilote, et vont parcourir sans boussole un océan révolutionnaire, bravant ainsi tous les écueils que leur signalait la raison. Heureusement, le vaisseau de l'État que ces politiques myopes croyaient monter en sautant sur leur frêle barque, navigue dans une autre mer qui n'est pas sans rivages : couvert d'habiles matelots et de braves soldats, muni de certains artilleurs qui savent opposer les canons de l'imprimerie à ceux du jésuitisme, et conduit par Minerve, il dédaigne tous les corsaires, il ne fera jamais naufrage ; mais s'il éprouve encore quelques tempêtes, il saura conserver toujours son ancre de salut, et, malgré les pirates, surgir bientôt, sous le pavillon de la gloire, dans le port de la liberté. (*)

Mais écoutons le naïf et rude Corbière, qui augmenta sa triste renommée en s'écriant : « Je ne crains pas la contre-révolution, moi, mais la révolution. » Paroles un peu téméraires, que nul orateur de son bord n'avait encore osé faire entendre de la tribune, et qui ont retenti jusques dans les chaumières.

(*) Si la vraie liberté n'est autre chose pour l'homme que la vertu, nous sommes loin du port.

La contre-révolution, tant souhaitée par le parti, serait, comme l'a observé un écrivain noble défenseur de la Charte, le retour de la dîme et des droits féodaux, le rétablissement de tous les priviléges, la ruine des acquéreurs de domaines nationaux, un système de terrorisme et de proscription semblables à celles de Nismes, la misère et l'opprobre assurés comme récompense à tous les héros de l'armée, l'avilissement du commerce, la mort de l'industrie, l'esclavage du peuple, esclavage d'autant plus dur qu'il serait exercé par la crainte et par la vengeance; enfin, l'abaissement et la honte éternelle de la patrie. Un ultra peut sourire à ce tableau, mais il fait horreur à la France; et la France, que Dieu protége, ne souffrira jamais le triomphe cruel de ceux qui lui promettent de telles destinées. (*)

» On a parlé de l'honneur et de la majesté royale, a dit un publiciste qui haïssait Fouché : si nous voulions aborder cette partie de la discussion, nous prouverions sans peine que ceux-

(*) Eh! malheureux que nous sommes, a dit le comte de Guibert en gourmandant les hommes da sa classe, les maux du peuple sont notre ouvrage! c'est nous qui affligeons le trône; c'est nous qui fomentons les abus; c'est nous qui en sommes les complices!

là ont outragé l'honneur français et la Majesté royale, qui, emportés par la plus aveugle des passions, ont insulté tous les électeurs de l'Isère par un exemple que le Roi lui-même a jugé nécessaire, utile et juste de donner en faveur d'un homme fameux dans les fastes de la révolution.

» Nous pourrions aller plus loin et adresser d'assez vives apostrophes à ces orateurs dont l'indignation de commande se déchaîne avec tant de fureur aujourd'hui contre ce qu'ils ont enduré la veille avec la plus profonde indifférence. Hommes de scrupule et de foi, rigoristes (*) incapables de transiger avec votre conscience, leur dirions-nous, expliquez, si vous le pouvez, les contradictions de votre morale et la mobilité de votre conduite. Le duc d'Otrante fut élu, en 1815, par deux départemens, proclamé député par le prince qui, l'année d'auparavant, était venu préparer les voies à son auguste frère, en déclarant qu'il n'y aurait rien de changé en France; la nomination du duc d'Otrante ne donna lieu à aucune réclamation de votre parti; il est constant même que plusieurs d'entre vous lui avaient

(*) La politique a ses rigoristes, dit Ginguené, et ce ne sont pas toujours ceux dont la moralité a le plus de rigueur.

donné leurs voix. Le duc d'Otrante fut admis dans les conseils du Roi : loin de vous borner à garder le silence de l'approbation sur le choix du monarque, vos coryphées y applaudissaient avec une espèce de transport. D'où part donc cette fureur nouvelle que vous inspire la nomination du quatrième député du département de l'Isère ? Votre haîne contre lui viendrait-elle de ce que, n'ayant occupé de grande place, ni sous Napoléon, ni sous Louis XVIII, il vous a privés de l'honneur de paraître à son audience, ou de lui faire votre cour dans un salon magnifique, et semblable à celui que l'ex-ministre de la police avait préparé pour recevoir dignement tout le Faubourg - St. - Germain? Serait-ce parce que, n'ayant joui d'aucune faveur sous un homme qui avait la passion du pouvoir absolu, le député de l'Isère n'a pu vous protéger auprès du maître, et vous faciliter l'entrée de son palais ? Il y aurait de l'injustice dans cette conduite. N'est pas ministre qui veut : vous en savez quelque chose, vous ambitieux, dont le plus obscur aspire au ministère, et ne le refuserait pas, fallût-il siéger avec un votant. Et pourquoi, en effet, les soldats seraient-ils plus scrupuleux que leurs chefs ? Est-ce que le fidèle Vaublanc, le rigide Talleyrand-Périgord, ou ce brave duc de

Feltre, qui a emporté au tombeau toute l'estime des ultrà, et ce sage M. Pasquier, qui paraît vouloir la conquérir, ont eu même une velléité de répugnance à s'asseoir dans le conseil du Roi avec le duc d'Otrante ? »

A l'époque où cet ex-ministre d'une république défunte, d'un empereur proscrit et d'un roi triomphant, ne professait que la philosophie de l'ancienne école au collége d'Arras, il avait connu Robespierre, alors simple avocat, et prêté quelques fonds au futur *dictateur*, pour se rendre à Paris, lorsqu'il fut appelé à l'assemblée constituante. Robespierre le vit d'abord assez souvent, mais bientôt la diversité de leurs opinions les divisa. A l'issue d'un dîner de députés, qui avait eu lieu chez Fouché, et non chez des ministres, Robespierre, essayant déjà le sceptre de la tyrannie la plus atroce, déclamait avec violence contre les girondins, et il apostrophait surtout Vergniaud, qui était présent. Fouché, ami sincère de ce grand orateur, de cet illustre patriote, lui tend la main, et dit à Robespierre : « Avec une pareille violence, vous gagnerez sûrement les passions, mais vous n'obtiendrez jamais ni estime ni confiance. »

Plus habitué au travail du cabinet qu'à parler en public, il parut en effet très-rarement à la tribune ; et, lassé d'être le témoin des divisions orageuses de la Convention nationale, il accepta des missions dans les départemens, où il fut trop souvent forcé d'employer le langage acerbe de cette épouvantable époque, de payer son tribut à la fatalité des circonstances, et de paraître enfin ce qu'il ne fut jamais. On trouve même dans une proclamation de la loi contre les suspects, qui ordonnait l'emprisonnement général des prêtres et des nobles, un paragraphe qu'il était courageux d'écrire et d'imprimer, le 25 août 1793.

« La loi veut que les hommes suspects soient éloignés du commerce social ; cette loi est commandée par l'intérêt de l'État ; mais, prendre pour base de son opinion des dénonciations vagues, provoquées par des passions viles, ce serait favoriser un arbitraire qui répugne autant à mon cœur qu'à l'équité. Il ne faut pas que le glaive se promène au hazard : la loi commande de sévères punitions, et non des proscriptions aussi immorales que barbares. »

Envoyé à Lyon, il osa attaquer le despotisme établi par le brigandage, enchaîner la discorde et l'anarchie. Il rétablissait dans les ames le calme et la sécurité, quand Robespierre l'accusa aux Jacobins *d'opprimer les patriotes et de transiger avec l'aristocratie.*

Si l'accusation de Robespierre ne suffit pas pour rendre manifestes les secrettes intentions qu'avait Fouché contre les terroristes, on peut se souvenir de la manière dont il se conduisit à son passage à Troyes, lorsqu'il se rendait à Lyon. Une agitation cruelle régnait à Troyes: la société populaire qui, là comme partout ailleurs, courbait alors toutes les têtes sous sa tyrannique influence, dénonçait sans exception les prêtres et les nobles, accusait les autorités, demandait chaque jour des destitutions, des arrestations et des arrêts de mort. Fouché, après avoir entendu tour à tour les dénonciateurs et ceux qui dénonçaient, se rend au club, feint d'entrer dans ses passions, s'empare de tous les esprits, et entraîne la multitude qui croyait l'entraîner. La société populaire était nombreuse et la destruction convenait mieux à son activité que la direction des affaires publiques. Il prend soudain la résolution hardie d'en former une légion, et de l'envoyer aux frontières combattre l'ennemi. Troyes se rappelle encore avec reconnaissance cet acte de courage, de dévouement et de patriotisme : un trait semblable en dit plus sur le caractère de l'ex-ministre que les plus longs discours.

Rappelé à Paris, il ose s'élever contre la tyrannie de Robespierre, il le somme du haut de la tribune de motiver son accusation. La chûte de l'accusateur, terminant ces débats, déroba l'accusé au glaive qui le menaçait.

« La mort de Robespierre, qui avait dénoncé Fouché comme un conspirateur, put seule calmer ses craintes : il se vanta d'avoir contribué à le renverser, il rejetta sur ce tyran, qui n'était plus, tout le blâme de ses propres cruautés. »

Tel est un des mensonges de la *Biographie* qui spécule sur le malheur. Voici la vérité. Après la chûte du despote, dont plus d'un écrivain de cette espèce a été le flatteur ou le Séide, on pensa que les passions exagérées allaient descendre dans sa tombe; mais il semble que le destin de la plupart des hommes est de tourner sans cesse dans un cercle d'erreurs et de calamités. Ceux qui s'étaient le plus avilis devant Robespierre, ne trouvaient plus, après sa mort, de termes assez violens pour exprimer leur haîne. On prétendait aussi, et je l'ai cru moi-même comme tant d'autres, que ce terrible énergumène avait constamment aspiré à la suprême dictature, qui tient, au lieu de sceptre, un glaive.

« Vous lui faites bien de l'honneur, nous dit Fouché, de lui prêter des plans et des vues; loin de disposer de l'avenir, il n'y pensait même pas; il était entraîné, il obéissait à une impulsion qu'il ne pouvait ni suspendre ni diriger. » Cette allégation impartiale parut marquée d'une intention bienveillante. « Sans doute, dit à cette occasion un homme reconnu par sa franchise et son intégrité, Fouché n'avait pas lieu de défendre ainsi la mémoire de Robespierre, et il eut cependant la générosité de le venger de la bassesse et de la calomnie. » Dès ce moment, il fut considéré comme un robespierriste, accusé, peu de temps après, d'avoir participé à un complot pour rétablir le régime de la terreur ; et le parti qui voulait la réaction, cette réaction sanglante dont le régne dura pendant de si longues années, parvint à l'éloigner de la Convention nationale.

Ce n'est qu'après la dissolution de cette fameuse assemblée qu'il reparaît sur le théâtre politique. Le directoire exécutif, connaissant son génie, ferme, prudent et conciliateur, le charge d'aller à Milan et ensuite à la Haie, représenter la république, dont le glorieux ascendant décroissait chaque jour par l'absence de la victoire. Il défend, avec fermeté, l'indépendance de l'un et l'autre état, contre l'esprit oscillatoire de son gouvernement, qui, ayant promis, par devoir comme par intérêt, et de la respecter et de la protéger, la sacrifiait, par faiblesse, à des insinuations de la politique ennemie.

L'œil du directoire s'ouvrit, mais il n'était plus temps : les armées étrangères avaient fait des progrès en Italie ; les mécontens reprenaient de l'audace et menaçaient l'intérieur ; le désordre augmentait sans cesse. Ami de Joubert, de Barras et de Sieyes, Fouché est appelé au ministère de la police générale, où il devait, en peu d'années, par le bien qu'il y fit, le mal qu'il empêcha, et par la résistance qu'il opposa aux passions dans chaque grande crise, obtenir l'illustration qui attend les hommes d'état.

Son premier acte, en entrant dans ce ministère, fut un rapport très-remarquable contre les anarchistes. « N'espérez point, dit-il, qu'ils se corrigent : ce qu'ils entreprennent pour l'indépendance de leurs passions est, pour eux, vertu et liberté ; les moyens par lesquels ils menacent et épouvantent les états, leur semble des moyens propres à en préparer la force et les prospérités. » Il ajoute, en parlant des monstres signalés dans l'histoire sous le nom de septembriseurs : « Les remords ne peuvent effacer les souvenirs des homicides qu'ils ont commis ; la nation voit toujours leurs assassinats qui l'effraient, et ne peut lire dans leurs ames le remords qui pourrait la rassurer. »

A la suite de ce rapport, il fit fermer les sociétés populaires. La clôture de celle qui agitait Paris, tout en croyant sauver la république, dut exciter des mécontentemens : il les calma sans tyrannie. On ne peut, dit un publiciste impartial, lui reprocher que les entraves qu'il mit dès-lors à la liberté de la presse, et que, par un système d'abord utile à Bonaparte et qui lui fut fatale ensuite, il n'a cessé de maintenir avec rigueur jusqu'à la fin de son long ministère.

Je ne craindrai pas de citer assez souvent cette *Biographie* qui, blâmant à-la-fois dans les fidèles défenseurs de la France nouvelle les actes de courage et de sagesse, ainsi que les erreurs, le mal comme le bien, poursuit avec fureur le duc d'Otrante. De telles calomnies envers les hommes dont la célébrité égale le mérite, porte quelquefois avec elle un rapide contre-poison. (*)

» Il fallait, nous dit l'anonyme qui proscrit un proscrit, trouver un homme capable de comprimer le *parti* populaire, *connu* alors sous le nom de *parti* anarchique, un homme à qui toutes les ressources et toutes les menées de ce *parti* fussent *connues*. On choisit Fouché, et il revint tout à-coup de la Hollande et reçut le portefeuille de la police. Il débuta en disant dans une proclamation, « qu'il avait pris l'engagement de veiller sur tous et pour tous, pour rétablir la

---

(*) La Gloire d'un homme d'état consite à être calomnié pour avoir fait le bien. (CHRISTINE.)

tranquillité intérieure et mettre un terme aux massacres. »

» Joubert ayant été tué à la bataille de Novi, Bonaparte accourut d'Egypte pour se rendre maître du pouvoir, se concerter avec Sieyes, *et se servit* de Fouché, qui contribua à préparer le succès de la journée du 18 brumaire (*). Fouché se présenta le premier pour adorer le soleil levant. Son principal objet était de conserver le porte-feuille de la police et d'obtenir par-là une fortune considérable et rapide. Avec le produit des jeux, il donna des gratifications *secrètes* à des personnages de la Cour et même de la famille de Bonaparte, capables de soutenir son crédit. C'est ainsi qu'il s'attacha Joséphine et le parti Beauharnais opposé à Lucien que Bonaparte lui-même voulait écarter. Observateur fin et adroit, profondément versé dans l'histoire *secrète* des hommes et des choses de la révolution, il réunissait toutes les qualités nécessaires au ministre de la police d'un despote ombrageux.

» Fouché eut plusieurs mesures de rigueur à

(*) La journée du 18 brumaire délivra le peuple Français d'un gouvernement ridicule ; la bataille de Marengo sauva la France, que l'Europe vit croître en puissance et en gloire jusqu'au désastre de Moscou.

exercer, il sacrifia quelques démocrates, saisit et publia la correspondance *secrète* de divers agens royalistes, fit échouer le complot d'Arena, Ceracchi et Topino-Lebrun; découvrit, après l'explosion de la rue Saint-Nicaise, les auteurs de la machine infernale, et suggéra, auparavant, l'idée de déporter, sous ce prétexte, trois cents individus qui donnaient de l'inquiétude à Bonaparte, mais qui n'avaient pas eu la moindre part à cette entreprise. »

Ce complot exécrable, qu'un *biographe* indulgent pour le crime appelle bénévolement une entreprise, et dont le but horrible était d'anéantir un quartier de la capitale en foudroyant un homme, a été l'œuvre sanguinaire, comme on s'en vante ici, d'un génie malfaisant et toujours lâche. (*)

(*) Le génie des ultrà a déployé, depuis trente ans, le caractère d'une constante lâcheté. Quand de furieux anarchistes, déshonorant la révolution, assouvirent leurs cruautés sous le règne de la terreur, qui dura dix-huit mois, ils pouvaient redouter l'Europe entière qui s'élançait contre eux; quand les forcenés terroristes de la réaction exercèrent leurs barbaries, qui durèrent au moins sept ans, ils étaient soutenus par cette même Europe qui combattait la France : lorsqu'après tant de gloire elle se vit trahir par la fortune, les ultrà anar-

De toutes les trames ourdies contre Napoléon, écrivais-je en 1816, celle du 3 nivose est sans doute la plus infâme et la plus criminelle. Quoi! de prétendus conjurés, pour détruire un seul ennemi, exposent lâchement une grande partie de la populeuse cité, qui est devenue leur asyle, à se changer soudain en décombres sanglans, en ruines funèbres! Dans leur caverne inaccessible, ils ont fabriqué de sang-froid leur moyen de ravage et de destruction! Cachés dans l'ombre, ils vont répandre, sans péril, la terreur et le deuil sur tout un peuple qui leur a pardonné! Invisibles au fond d'un antre et loin des phares protecteurs qui éclairent la capitale dans les heures noctures favorables au crime, ils appellent les pleurs et les gémissemens, ils ouvrent une oreille avide, ils ont peur de manquer leur proie et tant d'autres victimes qu'ils veulent confondre avec elle; mais le bruit du char consulaire se fait entendre; un sourire infernal erre sur leurs lèvres livides; l'un d'eux, alors, osant avancer une main toujours pusillanime, fait jaillir l'étincelle, et le tonnerre écrase en un clin-d'œil une foule d'hommes paisibles, de vieillards, de femmes,

---

chistes reprirent le cours ténébreux de leurs exploits atroces, en comptant pour auxiliaires un million de soldats étrangers.

d'enfans, martyrs, d'une atroce vengeance! Ils sont exterminés, tandis que ce soldat heureux, déjà cent fois préservé de la foudre, admire et bénit la fortune, en oubliant peut-être la providence impénétrable qui protége encore sa tête pour la ceindre, selon ses vœux, de la plus superbe couronne; pour élever bientôt ce glorieux perturbateur sur le trône de l'occident, au milieu des rois à genoux; pour le livrer ensuite aux élémens sauveurs de ces faibles monarques; pour le jeter enfin, avec son magnanime orgueil, dans les impitoyables mains qui le retiennent enchaîné, au sein de l'immense Atlantique, sur une roche solitaire.

Ces lâches assassins, a dit un patriote illustre, en parlant des conspirateurs du 3 nivose, auraient voulu en cet instant réaliser aussi la menace insensée du féroce Brunswick et de l'affreux Bouillé, en tuant Bonaparte. Il est donc une espèce de scélérats pires que les brigands qui, guidés par la faim, fondent dans les forêts sur les voyageurs sans défense, et les égorgent sans pitié! (*)

Les *biographes* anonymes ont erré volontairement, comme ils le font presque toujours, en

---

(*) Il y a des êtres féroces qui ont la passion de tuer :

Exterminez, grand Dieu, de la terre où nous sommes,
Quiconque avec plaisir répand le sang des hommes!

disant que Fouché, avant de découvrir ceux dont la main féroce osa employer la machine inventée à l'école du démon insulaire, donna l'idée de déporter, sous ce prétexte, trois cents individus qui causaient de l'inquiétude à Bonaparte. Cette inique mesure fut suggérée par un des chefs de la police subalterne, adoptée par la crainte aveugle ou la prudence politique de certains conseillers, pendant le trouble et le mystère où se cachaient encore les *machinateurs* infernaux, et cent quarante ultrà-républicains se virent déporter sans jugement, comme, en 1815, d'autres victimes se sont vu exiler, bannir ou déporter, sans jugement, aussi par les machinateurs ultrà-oligarques, ultrà-ignorantins et ultrà-barbaresques des sanglantes catégories. (*)

Quelques-uns de ces hommes, moins coupables que malheureux, et chassés de la France par la rue St.-Nicaise, pour un forfait dont ils étaient tous innocens, ont survécu aux cruelles privations, aux dévorans chagrins et aux périls inexprimables qu'entraînait un bannissement à quatre mille lieues de leur patrie. L'un d'eux, A. V***, mon ancien compagnon d'armes, et dont j'ai publié les singu-

(*) Les ultrà, *nécessairement*, sont la minorité. (M. L.) — L'exagération, en tout, révèle la faiblesse. (Sag.)

lières aventures, reparut à Paris en 1814. Jacobin converti, par le malheur, au royalisme le plus exagéré; imprudent et capable, à cette époque, de tout risquer pour une vengeance loyale, unissant au courage une indiscrétion et une étourderie de politique qui ne savait rien ménager, il aurait pu alors être persécuté ou réprimé, du moins, par un ministre qu'il croyait l'auteur de ses maux, si ce ministre eût été rigoureux ou seulement sévère à son égard. Il obtint Lyon pour exil, sans y être soumis à une exacte surveillance, et eut ensuite une place assez lucrative; mais, en se rendant à Corfou pour l'exercer, il fut pris, auprès de cette île, par les Anglais, et emmené à Londres, où il reçut un accueil favorable des deux princes français, auxquels il s'était dévoué.

De retour à Paris avec Louis XVIII, il y vivait d'une modique pension, quand Bonaparte revint de l'île d'Elbe. Voyant reparaître Fouché à la tête du ministère de la police, il craignit pour sa liberté, à cause de son bourbonisme; il se hâta de vendre son mobilier, et il était prêt à partir pour retourner en Angleterre, lorsque Réal l'ayant fait appeler à son bureau : — M. Fouché, lui dit-il, en riant, connaît déjà vos craintes et votre projet de départ; mais les unes sont vaines, et l'autre, sinon dangereux, est au moins inutile. — Si le ministre, qui sait tout, connaît mes craintes, vous connaissez tous mes revers, M. le comte?.. — Je les ai plaints, et l'empereur lui-même y a été sensible. — Il est si bon, si tendre! — Mon cher V..., Napoléon a dû changer aussi : je le crois franchement redevenu l'ami des amis de la liberté ... — Ah! ah! et de l'égalité sans doute? — Vous, qui êtes au fond du cœur encore un peu républicain... — Après vous, excellence. — Soyez certain que le nouveau régime vous conviendra. Restez ici paisiblement, ne craignez pas... — J'ai éte envoyé au bout du monde... — Oh! ce n'est pas par le ministre. — Et ce voyage officiel a causé ma ruine : je perds ma pension; je ne possède pas un centime de rente. — Bon; mais vous avez de l'esprit, du talent même : vous irez loin... — Moi? j'en suis revenu, j'espère! (*) — Dans la diplomatie. En attendant, mon cher collègue aux

(*) A. V*** aime beaucoup les pointes, disait l'auteur des *femmes politiques*; mais cela n'est pas étonnant, il est né à la *Flèche* ... On voit que M. G*** avait aussi ce goût, naguère général. Frondeur par caractère, il n'aime pas les sots, dont l'esprit, par affinité, n'aime que les bêtises : ces messieurs se sont bien vengés, en sifflant cette phrase où il se condamnait lui-même : « L'esprit qui se joue sur des pointes, est comme le feu follet voltigeant sur la cîme des roseaux; il n'éclaire, n'échauffe, ne pénètre rien, et mène au vide.

élections de l'an 6, acceptez, sans condition, au nom du duc d'Otrante, ces cent écus, et, tous les mois, je vous en remettrai autant. — J'accepte et reste.

Et il s'en va, tranquille, satisfait, consoler son épouse, anglaise, avec l'argent d'un prétendu persécuteur.

Lorsqu'on voit, ai-je dit dans une histoire des cent jours, ce ministre célèbre au sein de sa famille, on est tenté de croire que ses sentimens ne s'étendent pas au-delà du cercle domestique de ses affections. Il n'est pas moins bon époux et bon père qu'il est excellent citoyen. Sans doute il était inutile qu'il fût riche pour lui, mais ceux qui le connaissent savent qu'il était nécessaire qu'il le fût pour sa bienfaisance (*). Dédaignant

---

(*) Le duc d'Otrante est assez riche encore; sa fortune provient, en partie, de son patrimoine, et il a des châteaux; car on n'a pu être ministre pendant quinze ans, sous l'étendard de l'abeille ou de l'aigle, même, durant six mois, sous le drapeau du lis, sans acquérir quelques châtels, à moins qu'on ne fût un Carnot. Ses châteaux de Ferrière, de Pontcarré, de l'Admiraud, du Génitoy, meublés avec magnificence, recevaient tour-à-tour ses nombreux courtisans et ses innombrables amis, parmi lesquels on remarquait surtout, les ci-devant seigneurs et dames de la plus haute et la plus antique noblesse. Et quelle est maintenant sa cour, dans cet hôtel garni de la ville alle-

l'artifice et les subtilités, il aime qu'on lui parle avec liberté et franchise : il traite les choses frivoles légèrement, donne une forte attention à celles qui sont sérieuses, et ses regards brillent de joie, lorsqu'un nouveau triomphe vient assurer encore le repos, la félicité ou la splendeur de sa patrie. Toutes les idées relatives à l'état d'homme social, à ses devoirs, à son bonheur, lui restent familières ; tout ce qui contribue à former les sociétés, à les conduire vers la perfection, à les défendre, à les corrompre, à les détruire, est le constant objet de sa sollicitude et de ses méditations. Il a protégé dans un long et difficile ministère, sans nulles exceptions, toutes les existences ; il y avait sécurité complète pour tout individu qui ne cherchait que la tranquillité ; il

---

mande, où il rédige des mémoires philosophiques sur notre siècle de six lustres, quand, plus heureux que le prisonnier de l'Europe, il ne promène pas son excellence, sans porte-feuille, dans les champs ou les bois, édifiant des châteaux en Espagne, tout en faisant jusqu'à dix lieues par jour, seul et à pied, lui qui fit voir du pays à tant d'autres, depuis le jacobin jusqu'au monarque ? Sa cour est composée d'auteurs, de politiques, de philosophes, tous morts depuis long-temps, mais qui valent bien les vivans d'une cour jésuitique, soit dit avec sincérité, avec respect, avec la vénération admirative qu'un écrivain, pétri d'un ignoble

s'opposa toujours aux lois de circonstances. « Elles ne font, disait-il, que constater le mal sans y remédier, parce que leur exécution, nécessairement arbitraire, est toujours confiée aux passions ».

Le duc d'Otrante ayant servi divers gouvernemens, ses ennemis ont cherché à persuader

---

limon, paie, à titre de redevance, à la crême des oligarques.

Il a laissé des souvenirs flatteurs dans les villages de la Brie où étaient ses châteaux, où étaient, dis-je; parce que tous, excepté celui de Ferrière, ont été, par ses ordres, convertis en fabriques ou métarmorphosés en fermes, depuis qu'il est redevenu *ambassadeur*.

Ce château de Ferrière, situé à deux lieues de la petite ville où, aujourd'hui encore, on ne demande pas combien vaut l'orge, sans mettre la main dans le sac, est un des plus beaux du pays. Tout y a été conservé et tout s'y trouve en ordre, comme si le duc l'habitait. L'éloquent Manuel, franc député, chasseur infatigable à la perdrix, aux lièvres et même à la grand'bête; quelques autres amis, non du château, mais du propriétaire *absent*, y viennent quelquefois, dans la belle saison, en faire les honneurs, à leurs dépens, aux étrangers qui le visitent; mais les pauvres y sont reçus aux frais du maître.

Lorsqu'il était puissant, sous le plus absolu des princes, il visitait tour-à-tour ses domaines, pour y faire planter, abattre, élever, démolir sans cesse, au gré d'un appa-

qu'il se pliait à tout sans peine. Vains détracteurs, peut-on leur dire, s'il eût été le complaisant de ces gouvernemens divers, aurait-il donc passé une partie de sa vie dans l'exil et la proscription?

Dans sa correspondance, ses instructions aux préfets, l'homme impartial reconnaît le cachet

---

rent caprice ou d'une extravagance aussi bienfaisante que sage.

« — Qui donc a ordonné la plantation de ce bois, disait-il à son intendant? — Vous, Monseigneur. . . . . — Comment? . . . J'avais perdu la tête. Faites arracher tous ces arbres, qui, dans la plaine, entravent la culture, et qu'on les replante là-bas, dans ces jachères. . . — »

Ce pavillon, disait-il à son architecte, ce nouveau bâtiment a l'air mesquin : qui donc l'a fait construire? «—Votre Excellence, et sur un plan tracé par elle.... — Je n'avais pas le sens commun! Qu'on l'abatte, Monsieur, et qu'il soit reconstruit sur un de mes autres dessins...—»

Lui-même, chaque samedi, venait payer ses travailleurs. Quel brave maître, disaient-ils en s'en allant! Il ne sait pas trop ce qu'il veut, il jette son argent par les fenêtres; mais il nous donne du travail et nous vivons.

« — Voici un braconnier, lui dit un soir son garde-général, en lui amenant le coupable, vieux militaire, chargé de quatre enfans. — Où est ta chasse? — Hélas! la voici, Monseigneur . . . — Quoi, un perdreau! . . .

de la prévoyance et l'art profond de manier le cœur humain. Son style est par fois incorrect; mais tout ce qu'il écrit est conçu à une hauteur que ne mesure point l'œil de ses adversaires.

Pendant son premier ministère, sous le gouvernement républicain, on a dit aussi qu'il

---

Retire-toi, et songe-bien que tu seras puni sévèrement, s'il t'arrive de braconner. . . . sans tuer un lièvre par jour. Le maladroit ! — »

Certain curé, plus gai que sa soutane, vient, le dimanche, déjeûner avec lui. « Comment se portent nos vieillards, nos pauvres veuves, nos petits orphelins ?— Comme moi, Monseigneur, et j'ai la mine d'un chanoine. Point de malades cette année dans toute la commune, notre docteur endève. . . . — Mais vous . . . . — Et moi aussi. . . . — Avons-nous au fond de la bourse quelques napoléons de reste? — Pour un bon mois. — Il y a d'autres indigens, de malheureux grêlés; la récolte a été mauvaise : prenez ce billet-là. — Oh ! la récolte a été excellente !—Pardonnez-moi, je le sais mieux que vous, peut-être, en ma qualité de ministre ! — »

> Les flammes de la bienfaisance
> Sèchent les larmes du malheur.

Adoré de ses pauvres, de ses gens, de ses ouvriers, ceux-ci ont seuls perdu à sa proscription : il continue aux premiers des aumônes, des gages aux seconds et des pensions viagères aux plus âgés et aux infirmes. On serait mal reçu, même aujourd'hui, dans ces cantons, si l'on

tendait, par ses instructions aux évêques et aux préfets, à substituer la morale à la religion, et la police à la justice. Je me suis procuré les circulaires qui donnent lieu à cette grave et étrange accusation : leur date est du mois de brumaire, où Napoléon fut nommé premier consul. L'homme juste, qui réfléchit sur cette

---

se hasardait à parler mal de ce proscrit. Pendant que le peuple célèbre sa bienfaisance par des regrets et par des voeux, plus d'un pasteur bénit sa générosité; il augmentait leur revenu, et il décorait mainte église.

Ces campagnards sont tous reconnaissans, et de fiers citadins, chevaliers, barons, comtes, marquis, ducs, princes, qui lui doivent la vie peut-être, la liberté, du moins, ou quelque place lucrative, si elle n'était honorable ; ces gentilhommes qui trouvaient, chaque matin, dans sa caisse des jeux, le salaire d'un mot utile ou d'une clandestine attention, pour courir, chaque soir, le perdre chez Livry, qui s'élançaient dans ses voitures pour aller pêcher en eau trouble ou chasser au pipeau, les gobemouches politiques, qui veillaient dans ses antichambres, s'y pavanaient d'un air superbe, pour ramper dans son cabinet, pour l'encenser dans ses salons, pour changer à sa table leur noblesse en gastronomie ; tous ces hommes si vains d'un vernis hérité, mais qui n'est pas indélébile, sont ingrats envers lui. Il n'en gémit pas, et sait dire : « O vous, qui vous plaignez de l'ingratitude des hommes ! n'avez-vous pas eu le plaisir de leur faire du bien ? »

époque, est frappé du courage de celui qui les a écrites; il fallait un esprit supérieur pour faire alors passer sans opposition les sentimens qui y sont exprimés.

Voici ce qu'il dit aux évêques dans une circulaire du 25 brumaire an 7 :

« Aucun peuple civilisé n'a existé sans culte ou sans plusieurs cultes; mais aucun peuple connu n'a été assez éclairé pour donner à la religion la place qu'elle doit avoir.

» Les uns ont fait des lois religieuses, comme des lois civiles et criminelles, une partie du code social, et leur pontificat était une magistrature.

» Chez d'autres peuples, le gouvernement et la religion ont été deux puissances à côté l'une de l'autre, qui se touchaient sans cesse, pour s'appuyer, pour se combattre; là, les ministres du culte ont été tour-à-tour oppresseurs, opprimés : c'est l'histoire de l'Europe moderne.

» D'autres temps sont arrivés, la religion les a préparés, la religion doit les bénir. Tous les cultes seront libres, et s'il en est qui reçoive une protection particulière, ce sera celui qui servira le mieux la république.

« Après tant de querelles, dont nous avons tous payé les torts ou les erreurs de notre sang, ne jetez plus des regards trop douloureux sur votre puissance et votre fortune passées; un gouvernement qui vient de se former au milieu du peuple et des malheurs, connaît trop la nature pour vous faire un crime de vos regrets; mais, dans vos malheurs personnels, si vous avez la foi que vous prêchez, vous aurez une grande consolation.

» Voyez déjà comme les infortunes ont fléchi les haines de ceux mêmes qui vous accusent de leurs maux : un assentiment universel a applaudi au décret qui n'exige plus de vous aucun serment, qui ne vous demande que votre promesse de lui être fidèles.

» Celui qui apparut aux hommes pour leur apporter les maximes de cette morale céleste que vous leur prêchez, n'en demandait pas autant aux puissances de la terre; ils n'avaient pas plus de moyens de faire, de leur foi, la foi de l'univers, ceux qui, trois siècles après la naissance du christianisme, le placèrent sur le trône de l'empire romain avec Constantin, qui leur devait aussi ce trône; mais, songez-y, ces magnifiques perspectives qui se r'ouvrent pour se prolonger au-delà des temps et des mondes visibles, se refermeront devant vous, si vous ne tenez pas tout ce que vous promettez au gouvernement.

» Ce n'est pas être fidèle à la république, de prêcher qu'il faut lui obéir, en prêchant aussi qu'il faut la haïr : lui enlever l'amour des Français, c'est la trahir. Songez-y encore : c'est en vain qu'on tiendrait un langage différent dans les prédications qui sont entendues et dans les confessions qui sont secrètes; le secret de vos inspirations dans ce tribunal où vous disposez des ames, sera révélé par les dispositions des ames que vous dirigez et que vous formez.

« Non, rien ne vous est plus possible, à l'égard de la république, que d'acquérir des titres à ses faveurs, en prêchant ses maximes avec les vôtres, en les gravant ensemble au fond des cœurs émus par les motifs et par les prix immortels que vous présentez aux vertus. »

Dans sa circulaire aux préfets (30 brumaire an 7), Fouché s'exprime ainsi :

« Citoyen préfet, vos rapports avec la justice sont intimes et nombreux; les relations qu'ont entr'elles l'action de la police et l'action de la justice, se touchent réellement; elles se pénètrent et semblent se confondre; sans cesse elles concourent aux mêmes actes. Combien, cependant, en général, ce concours a été loin d'être un accord ! Entourée de formes, qu'elle ne trouve jamais assez multipliées, la justice n'a jamais pardonné à la police sa rapidité (*) : la police, affranchie de presque toutes les entraves, n'a jamais excusé dans la justice ses lenteurs. Les reproches qu'elles se font mutuellement, la société les fait souvent à l'une et à l'autre. On reproche à la police d'inquiéter l'innocent, à la justice de ne savoir ni prévenir ni saisir le crime. Parce qu'elle a été dans la main des rois, la police a passé plus généralement pour un instrument du despotisme : la justice, parce qu'elle est rendue par les organes des lois, a paru souvent égarée dans leurs obscurités et dans leurs contradictions (**).

(*) Une police bien faite est le chef-d'œuvre de la civilisation : celui de la morale serait de la rendre inutile.

(**) La justice, rectitude que Dieu met dans l'ame, est une vertu morale qui fait que l'on rend à chacun ce qui lui appartient ; la justice, selon Diderot, est l'observation des lois divines et humaines ; la justice, dit Montesquieu, est une disposition à se conduire envers les autres comme on voudrait qu'ils le fissent envers soi. La justice est trop souvent relative, quoiqu'elle dût être toujours absolue, puisqu'elle émane de Dieu seul : la justice cherche le coupable, l'équité cherche l'innocent. Etrange mépris de tous les principes ! on achetait le droit de justice, on la faisait rendre ou vendre par son valet affublé d'une robe. Les balances de la justice chancèlent lorsque nous voulons nous en servir pour nous.

» Qu'on porte un œil attentif sur les lieux et sur les momens de leur action, on pensera que la police et la justice ne peuvent exister pour le véritable ordre social, ni l'une sans l'autre, ni entièrement confondues l'une dans l'autre.

» Considérez, en effet, la justice avant qu'elle juge et après. Avant, renfermée dans ses temples, elle ne pourra pas, avec honneur, et elle ne voudra pas en sortir, pour promener ses pas et ses regards dans les lieux publics, dans les asyles secrets, où la sûreté générale et particulière peuvent être troublées, où les delits, les crimes et les forfaits peuvent être commis. Ce n'est pas seulement sa gravité auguste qui serait compromise, c'est son intégrité. Dans cette surveillance active, les juges seraient souvent témoins, et un juge ne doit jamais l'être.

» Considérez la justice après qu'elle a jugé, et lorsqu'il faut exécuter ses jugemens : est-ce elle qui dressera les échafauds, qui conduira aux lieux du supplice les malheureux qu'elle a condamnés ? Tous les peuples de la terre ont senti que si le même pouvoir qui prononce une sentence de mort la fait exécuter, la justice ne paraît plus condamner des coupables, mais tuer des hommes. Rien de tout ce qui entoure la puissance judiciaire ne doit montrer, en elle, que la pure et céleste jouissance de la raison éternelle. C'est alors que la justice sera ce qu'elle doit être, une véritable religion sociale.

» Les momens qui précèdent les arrêts de la justice et ceux qui les suivent, sont donc des momens où la justice elle-même ne doit pas agir ; et ces momens appartiennent à l'action de la police.

» C'est la police qui, ayant, partout, des regards et des bras, pour faire arrêter les coupables, partout où les crimes peuvent être commis ; qui, disposant d'une force armée supérieure à toutes celles qui peuvent la troubler, a tous les moyens, et de mettre les prévenus sous la main de la justice, et d'écarter ou de vaincre tout ce qui s'opposerait à l'exécution de ses arrêts.

» Dans ce partage de fonctions entre la police et la justice, les plus pénibles, sans doute, sont celles que la nature des choses décerne à la police ; mais les fonctions les plus rigoureuses sont celles qui ont les plus douces récompenses dans le cœur des magistrats qui vivent pour leur devoir et pour la patrie ; c'est lorsqu'ils s'immolent le plus, qu'ils jouissent davantage.

» Pour les magistrats de la police, lorsqu'ils dirigent l'exécution des décrets de la puissance judiciaire, cette exécution se place sous le même point de vue et presque à la même distance que pour la societé elle-même.

» Que dis-je, citoyen préfet ? c'est lorsque vous en approchez de plus près que vous aurez souvent le plus d'occasion et le plus de moyens d'adoucir, pour votre cœur, les sévérités de vos fonctions. Ces moyens et ces occasions, vous les trouverez toujours dans votre vigilance à faire suivre, dans les arrestations des prévenus, les ordres positifs des lois et dans l'accomplissement des arrêts contre les coupables.

» Ce que les ordres positifs des lois vous commandent le plus impérieusement, c'est de ne tenir aucun citoyen sous la main de la police que le temps strictement necessaire pour le mettre sous la main de la justice (*).

(*) Dans le cours de son ministère, Fouché a fait plus d'un exemple pour corroborer ses leçons. J'en vais citer un, entre mille. Un homme qui le connaît bien, poète militaire, et rédacteur de ce mémoire, s'arrête à M * * *, en venant d'Italie, où il avait assisté au couronnement de son ancien capitaine, monté au rang de Charlemagne. Assez mauvaise tête alors, il met le pied dans un billard, où son oreille entendait une rixe, et bientôt sa main droite laisse tomber un vigoureux soufflet sur le visage du sieur M * * *, dont l'œil atône et louche était venu lorgner avec audace un œillet rouge attaché à sa boutonnière, et dont la bouche énorme avait lâché un propos insolent. Le souffleté, ex-coiffeur, ex-employé aux vivres, ex-infirmier-major, mais alors

» Pour toutes les arrestations et à tous les instans, les agens de la police doivent être en état de produire les pièces écrites qui constatent le moment précis où un citoyen a été arrêté et où il a été déposé sous la garde des lois. La société toute entière a le droit d'interroger à cet égard et le ministre de la police, et les préfets, et tous leurs agens.

» *N'oubliez jamais combien il est dangereux de faire des arrestations sur de simples soupçons; songez que vos actes, alors même qu'ils seront des erreurs, seront une première présomption contre ceux que vous conduirez devant la justice, et méditez dans votre conscience*

---

métamorphosé en secrétaire-général de la préfecture du lieu où se passe la scène, perd un peu l'équilibre, voit son chapeau enlevé par le courant d'air qui pesa sur sa joue bureaucratique, et les spectateurs rire de son courroux officiel. Satisfaction est offerte au coiffeur décoiffé : il la refuse, n'ayant pu pourtant oublier, lui, ancien *major*, comment on applique un emplâtre, et loin de se montrer accommodant, il court chez son préfet, tyranneau départemental, et obtient qu'on arrête, un quart d'heure après l'attentat, *pour des propos injurieux envers le souverain*, son poète-artilleur, qui reste 137 jours dans la prison de M * * * sans être mis en jugement; qui écrit presque autant de lettres à l'Empereur et au ministre, sans sortir du tartare, parce qu'un barbier plumitif inter-

tremblante les histoires de tant d'innocens qui n'ont été envoyés par la justice sur les échafauds, que parce qu'ils avaient été amenés par l'erreur devant la justice.

» Ces vœux de l'humanité, présentés par la philosophie de la France aux puissances et aux juges de l'Europe, ne sont pas de même gravés dans les articles positifs de nos lois ; ils le sont dans le cœur de tous ceux qui servent la République. *Ce n'est pas seulement en ajoutant la moindre rigueur aux rigueurs absolument indispensables pour l'exécution des lois et des arrêts de la justice que nous serions coupables; nous le serions encore si nous ne tempérions par ces rigueurs par tous les adoucissemens qu'ils peuvent recevoir.*

» *Celui qui n'a pas encore entendu sa sentence, n'est pas encore, pour nous, un enne-*

---

cepte ses plaintes; qui déclame, malgré Minerve, des tirades superbes contre le Jupiter français et contre un Phalaris normand, sans voir finir ses déclamations, attendu qu'un geolier farouche les rapporte à l'inquisiteur, ce dont il hurle comme un diable; qui fait passer enfin, par un ange de 17 ans, nièce dudit Cerbère, une pétition rimée au Rhadamante de la police générale, lequel ordonne sur le champ qu'on rende au capitaine sa liberté, et que l'on donne au secrétaire sa destitution.

Tout est compensé dans ce monde, dit un *philosophe*

mi de la société; celui qui a entendu prononcer la peine qu'il va subir, ne l'est plus : il n'a rien à expier avant; après, il a tout expié : ce n'est plus qu'une victime que la société est condamnée à immoler ; elle doit pleurer sur elle et sur lui.

» La nécessité de punir les délits tient beaucoup aux imperfections de l'art social, qui ne sait pas les prévenir : en les punissant, les ministres de l'ordre social contractent une grande dette envers l'humanité, qui se couvre de voiles, de deuil, qui murmure et gémit.

» Acquittez-la, citoyen préfet, cette dette sacrée, par tous les ménagemens, par tous les égards que la pitié vous inspirera pour de si grands malheurs. »

Telles étaient les circulaires d'un ministre oppresseur, selon nos *biographes*, nos pamphlé-

---

attelé au char du ministère, et il dit vrai. Sans ce petit événement, il est probable que le poète bombardier aurait perdu un bras, une jambe ou la tête à la bataille d'Austerlitz : il gagna, au contraire, dans sa captivité, 150 napoléons, en célébrant cette journée fameuse par un ouvrage en vers, qui plut au vainqueur de l'Europe.

Touchant le bon,
Il dit, en prose,
A quelque chose
Malheur est bon.

taires, échos salariés des méchans qui mènent les sots, et ces actes humains, libéraux, authentiques, portent la signature approbative du despote Napoléon.

« Le Code criminel, diront certaines gens, faux amis de l'humanité et vrais contempteurs de la gloire, est aussi revêtu de cette signature usurpatrice et tyrannique, et ce Code ressemble, dans certaines parties, à celui de Dracon. Celle qui règle, par exemple, le correctionnel, est arbitraire, injuste; les peines n'y sont pas mesurées aux délits. Qu'un intrigant, un malheureux fasse une escroquerie, on le condamnera, pour la première fois, à une année et un jour de prison (ce jour est la pierre d'attente ou d'achoppement, pour mieux dire, qui entraîne le *maximum* en cas de récidive) : mais s'il ne peut payer les frais, l'amende, la restitution, il demeurera détenu, tant qu'il plaira au fisc et à ses créanciers. Il sort, et, corrompu entièrement par sa longue détention, il commet un nouveau délit : alors, sa peine peut s'étendre, au gré des juges doublant le *maximum*, à dix ans de captivité, à une année de plus, s'il injurie le tribunal; à deux années de plus encore, s'il tenta une évasion, et à dix ans de surveillance, qu'il passera même en prison, s'il a quitté la ville où il aurait été surveillé rigoureusement, honni sans cesse, constamment soupçonné des moindres délits survenus, et condamné, en attendant, à périr de misère. Ainsi, un enfant de quinze ans, pour deux simples délits, peut gémir 24 ans au fond d'une prison mal saine; et l'on ose appeler jugement correctionnel une punition plus cruelle, plus effroyable, sous un rapport, du moins, que celle infligée aux voleurs, aux faussaires et aux brigands amenés dans les bagnes, mais qui, pour la plupart, n'y restent que cinq ans, mais qui respirent un air pur, mais qui, on le voit trop souvent, peuvent rompre leur chaîne. Comparez à ces châtimens les corrections paternelles de l'ancien régime... »

Oh! l'ancien régime, même sur cet objet, avait aussi quelques abus : les lettres de cachet *ad libitum*, les emprisonnemens dont le terrible *maximum* pouvait être éternel, les fustigations quotidiennes *à cinq crampons*, avec un fouet dont les lanières étaient armées de pointes. Mais qui nous a donné le Code criminel, rigoureux et barbare dont se plaint la philantropie par des organes si divers? C'est le fameux Treilhard, courtisan de la tyrannie comme de la terreur, et qui serait peut-être, sous le règne des lis, ce que sont devenus plusieurs de ses collègues, un ministériel ou un ultrà. Ah! laissons reposer sa cendre. N'avons-nous pas un homme que l'on peut fronder sans scrupule, qui, pendant la terreur de 1815, a fait gratifier les teneurs de propos en l'air d'un lustre de prison, d'une amende impayable et de vingt ans de surveillance ? Il ne touchera point au Code, et le divorce a été aboli, en un clin-d'œil, quand la Genèse, plusieurs pères, dix papes, vingt conciles, et tant de siècles l'autorisent.

Dans la session de l'an 8, certains législateurs, *célibataires*, voulurent le restreindre ou le modifier pour le détruire, opération politique et dangereuse, que des hommes intéressés à l'agitation, au trouble, au changement, voudront toujours essayer sur nos lois. Fouché, dit-on, s'opposa fortement à ce projet, en philosophe qui défend les droits sacrés de la nature, sans attaquer les divins priviléges de la religion (*) : or, sa circulaire aux évêques prouve assez combien il honore la piété et la morale,

(*) Il sait que la religion, lien du ciel avec la terre, est, selon le sage Plutarque, la science de servir Dieu ; selon Bréhan, la pratique de la vertu ; selon Maury, la philosophie du malheur. Lorsqu'on a dit que, sous la république, il tendait, par système, à substituer la morale à la religion, c'était une erreur jésuitique ; mais lorsqu'on ajouta que, sous l'empire, il avait prétendu défendre, dans les villes et les campagnes, comme à

tandis que sa lettre aux préfets atteste son respect pour la justice, son amour pour l'humanité.

Ses talens, son génie étaient appréciés par Bonaparte, qui l'avait conservé au ministère, à son événement au consulat; mais bientôt ses idées et sa manière libérale de faire la police

Paris, tout signe extérieur du culte catholique et surtout les processions, c'était une imposture calomnieuse.

Les processions ordinaires que président les vrais pasteurs sont libres aujourd'hui, excepté dans la capitale, comme sous un *tyran* qui restaura le culte, en dépit des athées; qui releva la monarchie, en dépit des républicains; qui rehaussa leur gloire, en dépit de l'Europe; qui détruisit la liberté, dont la seule puissance aurait sauvé son empire et lui-même. Si ces pieuses promenades plaisent toujours au peuple, le philosophe les voit avec plaisir; mais les processions de pénitens, les prétendus pélerinages sous la conduite de ces missionnaires, jeunes, ardens, pleins de vigueur, qui pourtant, n'ont pas le courage d'aller prêcher la foi chrétienne sur des rivages où elle est inconnue, et qui ont celui d'accabler un peuple malheureux de *saintes* contributions; ces ambulantes momeries de nos gyrovagues modernes ne servent que le fanatisme, la féodalité, l'ambition, l'ignorantisme, l'intérêt, l'hypocrisie et le scandale (*a*).

En 1389, il se fit à Paris, dans la paroisse déjà nom-

(*a*) Capucin! qui t'a fait assez hardi que de t'établir médiateur entre Dieu et Timoléon? (TIMOLÉON DE BRISSAC.)

convinrent peu au but que celui-ci se proposait : on vit alors, avec surprise, une police consulaire s'établir à côté de celle du ministre, et ceux qui étaient poursuivis par la seconde, chercher et trouver un refuge sous la protection de la première.

« Fouché, dit la *Biographie*, eut, en sa qualité de ministre de la police d'un despote ombrageux, plusieurs mesures de rigueurs à exercer, tantôt contre les démocrates, tantôt

---

mée alors, depuis deux siècles, Saint-Nicolas-des-Champs, une procession à laquelle assistèrent plus de mille personnes, hommes, femmes, garçons et filles, voire même des moines de Saint-Martin-des-Champs. Tous étaient absolument nus, et le curé lui-même, en état de pure nature, assistait à cette pieuse cérémonie. Ceux qui, par pudeur, dit l'Etoile, avaient conservé leur chemise, la quittèrent enfin par dévotion.

« Aussitôt qu'on eut appris dans Paris la mort du duc de Guise, dit M. Anquetil, des processions d'enfans parcouraient les rues : on en fit une générale, composée de plus de cent mille ames, qui partirent du cimetière des Innocens, et se rendirent à Sainte-Geneviève, portant chacun un cierge de cire jaune. En entrant dans l'église, ils l'éteignirent et le foulèrent, en criant de toute leur force : Dieu éteigne la race des Valois ! Aux enfans se joignirent bientôt des personnes plus âgées, « tant fils que » filles, hommes que femmes, qui sont tout nus en che- » mise, tellement qu'on ne vit jamais si belles choses, Dieu

contre les royalistes : cependant, *si* ce fut lui qui organisa l'espionnage dans toutes les classes de la société, on doit convenir qu'il se montra moins porté aux mesures violentes, que pendant sa mission de démagogue. Toutes les fois que Bonaparte se portait par instinct vers le parti monarchique, Fouché l'effrayait du danger de trop s'y livrer, et jamais les faits ne lui manquaient pour faire prévaloir ses conseils. »

Certes, le modeste anonyme dit trop vrai sur

» merci ! » Il se commettait à ces processions des désordres qui obligèrent les curés de les défendre, surtout celles qui se faisaient la nuit. Le duc d'Aumale, gouverneur de Paris, et d'autres jeunes gens, à l'exemple du chef, donnaient le bras à des femmes et des filles fort indécemment vêtues, avec lesquelles ils s'amusaient à rire et folâtrer. D'Aumale jetait dans les églises, à travers une sarbacane, des dragées musquées aux demoiselles qu'il connaissait, et leur donnait des collations dans le cours de la marche. »

« Après l'horrible attentat commis sur la personne de Henri III, dit Duplex, par le frère Jacques-Clément, non-seulement les Parisiens firent chanter le *Te Deum*, mais le parlement de Toulouse ordonna qu'une procession solennelle serait faite annuellement à perpétuité, le 1er. août, en mémoire d'un fait aussi avantageux à l'État qu'honorable pour l'humanité. »

On vit, du temps de la ligue, douze cents moines marcher processionnellement dans Paris, ayant à leur tête

ce point, sans le vouloir peut être. Fouché, connaissant bien le parti monarchiste, remplissait son devoir, en conseillant à Bonaparte de ne s'y confier qu'avec prudence; et l'Empereur, douze ans après, abandonné, trahi par tant de braves émigrés, d'honnêtes gentilshommes qu'il avait si long-temps comblés de grâces, se repentit trop tard de n'avoir pas suivi les sages conseils de Fouché.

« Si quelquefois à cette époque, dit le même écrivain, persécuteur, comme tous ses pareils, de l'infortune et de la gloire; si quelquefois il servait Bonaparte, le plus souvent il le fatiguait, et, après la paix d'Amiens, en 1802,

---

Guillaume Rose, évêque de Senlis. Cette indigne procession est ainsi décrite, chant IVe. de la Henriade.

> La discorde conduit leur marche solennelle;
> L'étendard de la croix flottait au milieu d'elle.
> Ils chantent, et leurs cris, dévots et furieux,
> Semblent à leur révolte associer les cieux.
> On les entend mêler, dans leurs vœux fanatiques,
> Les imprécations aux prières publiques.
> Prêtres audacieux, imbéciles soldats,
> Du sabre et de l'épée ils ont chargé leurs bras;
> Une lourde cuirasse a couvert leur cilice.
> Dans les murs de Paris cette infâme milice
> Suit, au milieu des flots d'un peuple impétueux,
> Le Dieu, ce Dieu de paix qu'on porte devant eux.
> Mayenne, qui de loin voit leur folle entreprise,
> La méprise en secret, et tout haut l'autorise;

son ministère parut inutile et dangereux au despote. (Despote? éloge de Fouché aux dépens de Napoléon). Ses frères, Lucien et Joseph, qui avaient repris leur crédit, firent réunir la police au ministère de la justice, confié alors au grand juge Régnier. Fouché, nommé membre du sénat conservateur, fut pourvu de la sénatorerie d'Aix ; c'était une honorable retraite : il resta 21 mois loin des affaires. La conspiration de Georges et Pichegru, le passage du consulat à l'Empire, firent juger à Napoléon qu'il avait encore besoin de la police déliée de Fouché : ce rusé révolutionnaire fut donc rappelé au mois d'août 1804. »

Il sait combien le peuple, avec soumission,
Confond le fanatisme et la religion ;
Il connaît ce grand art, aux princes nécessaire,
De nourrir la faiblesse et l'erreur du vulgaire.
A ce pieux scandale enfin il applaudit ;
Le sage s'en indigne, et le soldat en rit.

Jamais le duc d'Otrante, a dit un rimeur libéral, ni aucun grand ministre, ami sincère de la religion, mais ardent ennemi du fanatisme qui la tue, n'aurait permis les parades de toute espèce de nos jésuites déguisés, chefs *processionnaires*, en attendant qu'ils soient stationnaires de nos ligueurs révolutionnaires pour la vieille aristocratie, l'antique superstition et tous les abus qui les suivent. « Une folie, quoique ancienne, ne saurait s'attirer l'estime d'un sage moderne. (OXENSTIERN, *ministre suédois*.)

Rusé révolutionnaire, c'est ainsi qu'un noir libelliste, un dénigreur pusillanime, cachant son nom sous une initiale, comme l'oiseau des fils d'Ignac cache sa tête sous son aîle ; c'est ainsi qu'un *pur* royaliste, jacobin peut-être autrefois, autrefois napoléoniste, et par conséquent ennemi des vrais républicains, ose nommer celui qui, sous le directoire, protégea d'une main des nobles et des prêtres, et combattit de l'autre l'anarchie rouge et blanche; celui qui, sous le consulat, malgré des oppositions irrésistibles pour tout autre, contribua le plus par ses conseils, accueillis du vainqueur, à décider la radiation des féodaux vaincus, dont la foule rentra enfin sur le territoire des braves; celui qui, sous l'empire, fut disgracié, exilé, persécuté pour d'honorables causes, et notamment pour la guerre d'Espagne; celui enfin qui préserva la capitale d'un pillage promis, la France d'un désastre incalculable, le prince d'un nouveau regret, et qui, pour récompense, voit du moins aujourd'hui, dans son hôtel garni de L***, une royale signature décorer l'acte qui l'unit à un ange consolateur.

Napoléon, disgraciant Fouché, le nomma sénateur, et annonça aux premiers citoyens de la république mourante cette création par un message où il faisait l'éloge de cet homme d'état, en lui donnant un témoignage de la plus haute estime.

Bientôt l'opinion fut tourmentée par une multitude d'espions et de délateurs, nobles et prolétaires, qui, n'ayant aucune valeur, voulaient tous se faire valoir. Une direction vigoureuse et impartiale manquait à la vaste machine : cette police si superbe, dont l'œil unique l'emporte quelquefois sur les cent yeux d'Argus, avait alors la cécité de la justice, marchait lentement, au hazard, n'avait plus cette activité qui cherche et répand la lumière. Souvent un zèle faux, atroce, multipliait les accusations ; cependant on vit éclater un complot trop réel : de deux illustres généraux, l'un qui crut être royaliste, est trouvé mort dans sa prison ; l'autre, qui fut républicain jusqu'à son dernier jour, mais qui vécut trop d'une année, échappe heureusement alors, à la mort par la gloire... Le souvenir de cette époque, a dit un sage, ne nous permet que la douleur.

Bonaparte, au milieu de ces crises terribles, eut le courage politique et la force d'esprit de rappeler son ancien ministre ; et, comme par enchantement, ce rappel appaisa tous les murmures. Fouché détermina Moreau, dont il était l'ami, à s'exiler lui-même sur les bords de la Dellaware, seule partie du globe où la liberté règne, et il se fit autoriser à remettre à ce général, le prix des biens qu'il possédait en France.

« Cette seconde administration du duc d'Otrante, dit le biographe anonyme qu'entraîne malgré lui l'ascendant de la vérité, fut plus orageuse que la première. L'influence de ce ministre sur l'opinion publique fut immense : devenu le modérateur du gouvernement, il fut *prôné* par les deux partis et même en pays étranger. On le présenta comme le seul homme capable de remplir une place si difficile, comme un être sans passions, ne se laissant jamais dominer par la haine ou le ressentiment; enfin, on était persuadé que c'était par lui seul que Bonaparte s'était affermi sans orage. *Jamais on avait été plus tranquille dans l'intérieur que lorsque Napoléon, poursuivant ses conquêtes, Fouché restait, en quelque sorte, l'arbitre de l'État; mais plus le ministre grandissait dans l'opinion publique, plus il devenait suspect* à l'Empereur : *celui-ci avait établi plusieurs polices pour l'observer*. Après la paix de Tilsitt, Fouché *se vanta* d'avoir cherché à détourner Bonaparte de la conquête de l'Espagne. »

Il est vrai, plus le duc d'Otrante acquérait d'estime publique, de popularité, plus l'Empereur devenait ombrageux, par caractère, comme par politique (*): on multipliait les polices autour de celle du ministre pour l'observer et pour exécuter les ordres auxquels on savait bien qu'il eût refusé d'obéir. Bonaparte, entraîné sans cesse hors de la France par l'esprit de conquête, comptait pourtant sur son ministre, pour la tranquilité de l'intérieur d'un empire, que chacune de ses victoires agrandissait, qu'il voulait rendre égal à celui du fils de Pépin; il y comptait toujours; et, en effet, jamais il n'y eût plus de calme et de sécurité. Lorsque Bonaparte rentrait, il devenait plus exigeant: accoutumé à tout vaincre au dehors, il voulait, au dedans, que rien n'osât lui résister.

Après ce traité de Tilsitt entre trois hommes si divers, dont l'un est devenu le modèle des rois, le second paraît être l'ami des oligarques, et le troisième est l'exemple éternel des conquérans trop magnanimes; (**) après cette paix, que l'histoire de la France nouvelle consacrera un jour

---

(*) Une défiance continuelle, fait payer trop cher l'avan age de n'être pas trompé. (L'amiral BRUIX.)

(**) Conquérant! veux-tu mériter réellement ce nom terrible et être adoré sur le globe sous le titre de magnanime? agis comme Alexandre, César, Charlemagne, Gengis, Catherine-la-Grande, et Frédéric-le-Grand: prends tout et ne rends rien.

dans ses pages les plus brillantes, Fouché engagea Bonaparte à diriger lui-même la haute administration de son empire.

« Vous pouvez, lui dit-il, conquérir de nouvelles provinces; mais rien aujourd'hui ne peut ajouter à votre puissance. La conquête de l'Espagne, qu'on fait briller à vos yeux, est une possession vaine : vous êtes réellement souverain de cette contrée, puisque vous en tirez des soldats pour vos armées, et des sommes considérables pour le trésor. Craignez que le titre de maître ne vous prive de cette double ressource; songez au présent, mais voyez l'avenir. »

La flatterie l'emporta sur le zèle (*), et Bonaparte, qui aimait à exécuter rapidement ce qu'il avait délibéré plus vîte encore, se mit en route pour l'Espagne. Il se disait, peut-être, comme César : « Les grands exploits doivent s'exécuter sans délibérer, de peur que la considération du danger ne refroidisse le courage.

Lés événemens de Bayonne causèrent une espèce de fermentation en France : on présenta ce léger mouvement comme un complot; Bonaparte, alarmé, reprit la route de Paris, entendit,

(*) Quiconque flatte son maître, le trahit.

(Massillon.)

à son arrivée, le duc d'Otrante, et cette conspiration s'évanouit comme un fantôme.

En 1809, le conquérant se dirige sur le Danube, où un véritable complot de trois à quatre cent mille hommes se formait contre lui, et sa fortune, qui l'avait contrarié dans le midi, semble lui préparer au nord des obstacles nouveaux : ses victoires sont plus sanglantes et se mélangent de revers, qui font dire à ses ennemis : « L'étoile pâlit maintenant ! » Pendant cette campagne aussi rapide que célèbre et glorieuse, les Anglais font une descente à Walcheren. Le duc d'Otrante, chargé alors du double porte-feuille de la police et de l'intérieur, fait un appel à la garde nationale.

« Prouvons à l'Europe, dit-il, que si le génie de Napoléon peut donner de l'éclat à la France par ses victoires, sa présence n'est pas nécessaire pour repousser nos ennemis. (*) »

Le mouvement imprimé à la nation par un ministre patriote et courageux, fut général et

(*) J'ai quelquefois aussi, mais toujours vainement, fait observer aux flatteurs de Napoléon, et même à ses amis, qu'ils avaient tort de représenter ce mortel comme le seul appui, le seul bouclier de la France : il semblait, à les croire, que l'existence de cette nation, fière de son héros, eût été placée sur sa tête en viager.

réussit ; l'armée anglaise se hâta de se rembarquer sans avoir essayé d'échanger une bale avec des soldats-citoyens.

Ayant signé la paix à Vienne, Napoléon revint promptement à Paris, licencia tous les gardes nationaux, et le ministre, qui avait osé dire que Bonaparte n'était pas un homme nécessaire, se vit disgracier.

« On croit aussi, dit le *Biographe* cité, que Fouché s'était attiré sa disgrace en désapprouvant le mariage de Bonaparte avec une archiduchesse, et en avertissant Lucien qu'il n'avait plus qu'à fuir, s'il ne voulait pas être arrêté ».

Le duc d'Otrante fut surtout écarté, cette seconde fois, des affaires publiques, parce qu'il était devenu trop puissant dans l'opinion. Napoléon, pour se la ménager, le nomma gouverneur de Rome ; mais, avant son départ pour un exil si honorable, il lui envoya demander, par le prince de Neufchâtel, le porte-feuille où était sa correspondance, c'est-à-dire, les ordres, les instructions et les notes qui étaient émanés directement du cabinet impérial. Fouché osa répondre que sa correspondance était sa garantie et qu'il ne la livrerait point. Comme cette invitation était accompagnée de menaces officielles : « Allez dire à votre maître, répliqua-t-il au maréchal, que je suis habitué depuis vingt ans à dormir sous le glaive. Je connais les effets de la puissance et je ne puis les craindre. »

L'Empereur l'exila dans sa sénatorerie d'Aix: « Là, dit son détracteur, soit crainte, soit espérance, il livra tous les papiers que réclamait Bonaparte, moyennant qu'il ne serait inquiété pour aucun des actes de son ministère ; mais il ne rentra point en faveur. »

Assertion calomnieuse. On a fait, pour avoir ces pièces, plus d'une tentative ; elles ont toujours été vaines, il n'a jamais voulu s'en dessaisir : un libraire de Londres, qui doit imprimer ses mémoires, lui a offert en vain un très-grand prix de sa correspondance.

Fouché ne tarda pas à être rappelé par Bonaparte : l'entrevue ne fut point heureuse ; la guerre de Russie n'était pas plus dans les principes de cet homme d'état, que la guerre d'Espagne ; et il se retira au château de Ferrière, où il avait et où se trouve encore une riche bibliothéque, capable de fournir des consolations philosophiques à vingt ministres en disgrâce.

Le conquérant, accablé de revers, qu'il devait aux seuls élémens, et menacé par une coalition que soutenaient seuls ces désastres, manda au philosophe d'aller le joindre en Saxe. Fouché paraît à Dresde ; mais ses idées de modération, de sacrifices pour la paix, ne sont point accueillies. Craignant toujours son influence s'il retourne à Paris (*), l'Empereur lui ordonne de se rendre à Laybach, en Illyrie, dont il le nomme gouverneur.

A peine était-il arrivé dans son gouvernement, que la guerre éclata. Ne pouvant opposer aucune résistance à l'ennemi qui marchait sur Laybach, il se remit en route pour revenir dans sa patrie; mais Bonaparte, se voyant menacé lui-même d'une invasion générale, après la journée de Leipsick, et redoutant plus que jamais la présence de l'ex-ministre dans l'intérieur de la France, lui écrivit pour l'engager à se rendre aussitôt à Naples.

L'historien sans nom, qui l'attaque sans droit dans la *Biographie*, prétend qu'*il conseilla à Murat de se déclarer de la coalition contre Bonaparte, dont il présageait la chûte.* » Les deux lettres suivantes feront connaître la manière dont le duc écrivait à Bonaparte et au roi Joachim, et les sages avis qu'il leur donnait dans la crise effroyable où se trouvaient la France et l'Italie. (**)

(*) La défiance est fille du malheur. (LAFITTE.)

(**) Si ces deux princes eussent suivi alors ses lumineux conseils, ils n'auraient jamais pris la route qui les a conduits dans l'abîme.

« A L'EMPEREUR NAPOLÉON.

« Rome, 27 décembre 1813.

» J'ai pris congé du roi de Naples : je ne dois dissimuler à V. M. aucune des causes qui ont arrêté l'activité naturelle de ce prince.

» 1°. C'est l'incertitude où vous l'avez laissé sur le commandement des armées d'Italie. Le roi, dans ces deux dernières campagnes, vous a donné tant de preuves de son dévouement et de ses qualités militaires, qu'il s'attendait à recevoir de vous cette marque de confiance : il se sent humilié, à la fois, et de vos soupçons, et de l'idée de se voir placé sur la même ligne que vos généraux.

» 2°. On dit sans cesse au roi : « Si pour conserver l'Italie à l'Empereur, vous dégarnissez votre royaume de troupes, les Anglais vont y opérer des débarquemens et y exciter des séditions d'autant plus dangereuses, que les Napolitains se plaignent hautement de l'influence de la France ». « Songez à vous, lui écrit-on de Paris, ne comptez que sur vous-même : l'Empereur ne peut plus rien, même pour la France; comment garantirait-il vos états, si, dans le temps de sa toute-puissance, il eut la pensée de réunir Naples à l'Empire ? quel sacrifice serait-il porté à faire pour vous ? il vous sacrifierait aujourd'hui à une place forte. »

» 3°. D'un autre côté, vos ennemis opposent au tableau de la situation de la France, celui des avantages immenses que présente au roi son accession à la coalition. « Ce prince consolide son trône, agrandit ses états; au lieu de faire à l'Empereur le sacrifice inutile de sa gloire et de sa couronne, il va répandre sur l'une et sur l'autre l'éclat le plus brillant, en se proclamant le défenseur de l'Italie, le garant de son indépendance. Se déclare-t-il pour V. M., son armée l'abandonne, son peuple se soulève. Sépare-t-il sa cause de celle de la France, l'Italie toute entière accourt sous ses drapeaux ». Tel est le langage que parlaient au roi des hommes qui tiennent de près à votre gouvernement (*). Peut-être ne fait-on en cela que s'abuser sur les moyens de servir V. M. *La paix est nécessaire à tout le monde :* déterminer le roi à se mettre à la tête de l'Italie, est, à leurs yeux, le plus sûr moyen de vous forcer à faire la paix.

(*) Un roi, selon Diderot, n'est ni père, ni fils, ni frère, ni époux, ni parent, ni ami : qu'est-il donc? Roi, même quand il dort. Napoléon, avec ses grands défauts, était reconnaissant, et la plupart des hommes nombreux ou innombrables que sa munificence a comblés de faveurs, l'ont payé à l'envie de la plus noble

» Je suis arrivé à Rome le 18. Ici, comme dans toute l'Italie, le mot d'indépendance a acquis une vertu magique. Sous cette bannière se rangent, sans doute, des intérêts divers ; mais tous les pays veulent un gouvernement local ; chacun se plaint d'être obligé d'aller à Paris pour des réclamations de la moindre importance. Le gouvernement de la France, à une distance aussi considérable, ne leur présente que des charges pesantes, sans aucune compensation. Conscriptions, impôts, vexations, privations, sacrifices, voilà, se disent les Romains, ce que nous connaissons du gouvernement de la France.

» Sire, lorsque V. M. était au plus haut dégré de la gloire et de la puissance, j'avais le courage de lui dire la vérité, parceque c'était la seule chose qui lui manquait. Aujourd'hui, je la lui dois également, mais avec plus de ménagement, puisqu'elle est dans le malheur. Son discours au corps législatif aurait fait une profonde im-

---

ingratitude. Pour anéantir ce soldat libéral de couronnes, de titres, de places et d'or ; pour détruire un mortel qui avait provoqué les élémens, tous les monarques réunis, à la tête de leurs armées, s'adjoignirent encore tous les ingrats ; tous les transfuges, vingt généraux, français par la naissance, servant sous les drapeaux de l'étranger ou combattant sous l'oriflame tricolore ;

pression sur l'Europe et aurait touché tous les cœurs, si V. M. eût ajouté au désir qu'elle a manifesté pour la paix, une renonciation magnanime à son ancien système de monarchie universelle. Tant qu'elle ne se prononcera pas sur ce point, les puissances coalisées croiront ou diront que ce système n'est qu'ajourné, que vous profitez des événemens pour y revenir. La nation française, elle-même, restera dans les mêmes alarmes. Il me semble que si, dans cette circonstance, vous concentriez toutes vos forces entre les Alpes, les Pyrénées et le Rhin ; si vous faisiez

---

un roi et un prince royal, ses alliés par le sang et par la victoire ; et tous ces rois, excepté celui que la foudre a renversé dans Parthenope, ces rois triomphateurs d'un homme, sont élevés sur les débris de sa haute fortune, d'où ils applaudissent encore à sa chûte profonde ; tandis qu'abandonné au sein des mers, sous la garde de ses geoliers, il reste enchaîné sur un roc, où son cœur est en proie à l'impitoyable vautour du *repentir*.... Quelle imposante et terrible leçon pour les ambitieux qui voudraient courir à la gloire sur la trace d'un conquérant ! Mais ce héros, car il le fut au champ-d'honneur, était despote sur le trône ? Il est trop vrai : pouvons-nous cependant calculer l'effet que produit le diadême sur la tête d'un homme ?...

Les révolutions apprennent, au surplus, qu'il ne faut offenser personne ; les plus petits peuvent devenir rois.

une déclaration franche de ne pas dépasser ces frontières naturelles, vous auriez tous les vœux et tous les bras de la nation pour défendre votre empire; et certes, cet empire serait encore le plus beau et le plus puissant du monde; il suffirait à votre gloire et à la prospérité de la France. Je suis convaincu que vous ne pouvez avoir de véritable paix qu'à ce prix.

» Je crains d'être seul à vous parler ce langage. Défiez-vous des courtisans (*), l'expérience a dû vous les faire connaître. Ce sont eux qui ont poussé vos armées en Espagne, en Pologne et en Russie; qui ont fait éloigner de vous vos plus fidèles sujets, et qui, dernièrement encore, vous ont détourné de signer la paix à Dresde; ce sont

---

(*) L'état de courtisan, dit Chesterfield, est un métier vulgaire comme celui de cordonnier. J'ajouterai qu'ils se mettent tous deux aux genoux du premier venu, l'un pour lui être utile, l'autre pour le tromper. Le courtisan est, selon d'Alembert, un homme qui se place entre la vérité et les grands, pour la leur dérober. Vauvenargues l'appelle un glorieux qui passe sa vie à faire des bassesses. Eh! que ne peut-on dire des courtisans?

Peuple caméléon, peuple singe du maître.

Mendians bien vêtus, sans honneur comme sans humeur,

Leur valeur dépend de leur place;
Dans la faveur, des millions,
Et des zéros dans la disgrace.

eux qui vous trompent aujourd'hui, et qui vous exagèrent votre puissance.

» Il vous en reste assez pour être heureux et pour rendre la France paisible et prospère ; mais vous n'avez rien de plus, et toute l'Europe en est persuadée ; il serait même inutile de chercher à lui faire illusion, on ne la tromperait plus.

» Je conjure V. M. de ne pas rejeter mes conseils ; ils partent d'un cœur qui n'a cessé de vous être attaché, même dans le moment où il l'aurait voulu. Je n'ai point le sot amour-propre de voir mieux qu'un autre ; si chacun avait la même franchise, il vous tiendrait le même langage ; il vous aurait parlé comme moi après la paix de Tilsitt, après la paix de Vienne, avant la guerre contre la Russie, et en dernier lieu à Dresde.

» Il est affligeant, pour la dignité de l'homme, que je sois le seul qui ose vous dire ce qu'il pense. Si V. M. éprouve de nouveaux malheurs, je n'aurai pas à me reprocher d'avoir cessé de lui dire la vérité. Au nom du ciel, mettez un terme à la guerre ; faites que les ames trouvent un moment pour se reposer !

» J'ai l'honneur d'être, etc.

» Le duc d'Otrante. »

« AU ROI JOACHIM.

« Florence, 20 janvier 1815.

» J'ai reçu vos lettres et la copie de celles que vous avez écrites à l'Empereur : je les conserve, pour en faire usage lorsque l'occasion s'en présentera. Si vous lisiez le compte que j'ai rendu à l'Empereur de la situation de l'Italie et des motifs qui vous ont déterminé à négocier avec les puissances coalisées, vous seriez convaincu que je n'ai pas besoin d'être encouragé à oser dire la vérité : j'ai toujours pensé que c'est trahir les princes que de la leur cacher.

« Vous croyez que votre alliance avec la coalition est le seul moyen de conserver le trône, et que cette alliance servira mieux que vos armes les intérêts de la France. Il serait superflu de vous répéter les objections que je vous ai faites à ce sujet ; mais je dois insister sur la nécessité où vous vous trouvez de constituer une bonne armée. C'est votre garantie ; c'est le moyen d'avoir de l'influence dans la coalition. Ne craignez point de défection parmi vos officiers et vos soldats quand vous serez à leur tête, quand ils seront convaincus que vous servez votre patrie. Qui plus que vous a exposé sa vie pour elle et d'une manière plus glorieuse ? Faites-leur connaître que vous ne mettez en mouvement votre armée que pour le bonheur de la France et celui de votre pays.

» On vous a cru indécis (*) jusqu'à ce jour, et alors toutes les opinions, tous les sentimens n'ont eu aucun centre, aucun appui, aucune direction : votre armée, au lieu de former son moral et sa discipline, a perdu son temps dans des débats politiques; vos généraux ont jeté eux-mêmes de l'incertitude dans les esprits, en demandant ce qu'on ne pouvait ni leur accorder ni leur refuser.

» Je vous en conjure, songez surtout à vous créer une grande considération; faites estimer votre caractère : ce sera, à la longue, votre seule puissance; ce sera la seule barrière qu'on n'osera franchir.

» Vous m'invitez à vous défendre contre la calomnie; ne vous inquiétez pas du jugement qu'on portera sur le parti que vous aurez pris. *Il était de mon devoir de vous en détourner;*

(*) On peut être indécis par excès de lumière ou d'obscurité, par faiblesse ou par connaissance de ses forces, par sensibilité comme par froideur. L'indécision, dit le duc de Lévis, est le partage de la médiocrité. Ajoutons que trop de lumières jettent dans l'indécision : l'aveugle va droit devant lui.

j'ai rempli ce devoir avec conscience; mais, aujourd'hui que votre décision est arrêtée, je dois à l'amitié que vous avez pour moi, vous dire que la moindre hésitation serait funeste.

» Elle donnerait à vos nouveaux alliés le droit de se méfier de vous et de vous demander des garanties. Votre conduite dans cette circonstance sera appréciée, comme toutes les choses de ce monde, par ses succès.

» Si vous pouvez contribuer à la pacification générale, si votre nom acquiert assez de poids dans la balance des affaires de l'Europe pour relever la dignité des trônes et l'indépendance des nations, on vous bénira sur toute la terre. Hâtez-vous de proclamer que vous n'avez fait alliance avec la coalition, que parce qu'elle prête son appui à ce noble dessein. Montrez à l'Italie l'étendue et la solidité de vos vues positives pour sa prospérité.

» Je vois, avec peine, les soulèvemens dans les campagnes : ils détruiront vos ressources et amèneront une anarchie que vous ne pourrez plus comprimer. Si vous êtes obligé de faire des levées en masse, il faut y mettre de la mesure. L'ordre et la discipline ne nuisent pas à l'activité. Veillez à ne remuer que les passions que vous pourrez satisfaire.

» Pardonnez la franchise de mes conseils au désir que j'ai de vous voir heureux *et assez puissant pour rendre à la France ce que vous en avez reçu.*

» J'ai l'honneur, etc.

» Le Duc d'OTRANTE. »

Ces lettres démontrent assez que l'ami du roi Joachim, de ce prince dont Naples avait toujours chéri le gouvernement paternel, ne lui conseilla pas de s'unir à l'Europe contre Napoléon. Mais quand il eut franchi, en gémissant, ce pas redoutable et funeste, bien qu'il dût croire qu'une telle abnégation servirait à la fois la France et l'Italie, le duc d'Otrante lui prouva, dans la même croyance, qu'il ne pouvait rétrograder, sans se perdre lui-même avec les braves qui lui étaient fidèles, sans s'exposer au déshonneur de trahir un engagement, sans craindre de ne jamais rendre à son pays natal le bien qu'il en avait reçu, et à sa patrie adoptive celui qu'elle devait encore attendre d'un amour constant pour son roi.

L'Empereur venait d'abdiquer, lorsque le duc d'Otrante arrive à Paris : la nation regretta généralement de ne pas le voir appeler au gouvernement provisoire, où ses lumières et ses vues positives eussent peut-être prévenu bien des maux. Par la lettre suivante, qu'il écrivit à Bonaparte au moment où l'on désignait à *l'homme du destin* l'île d'Elbe pour résidence, on jugera s'il savait voir de loin comme de près, et s'il était encore fidèle à l'infortune.

« A l'Empereur Napoléon.

Paris, 23 avril 1814.

»Sire,

» Lorsque la France et une partie de l'Europe étaient à vos pieds, j'ai osé vous faire entendre constamment la vérité : maintenant que vous êtes dans le malheur, j'éprouve plus de crainte de blesser votre sensibilité, en vous parlant le langage de la sincérité; mais je vous le dois, puisqu'il vous sera utile et même nécessaire.

» Vous acceptez, comme retraite, l'île d'Elbe et sa souveraineté. Je prête une oreille attentive à tout ce qui se dit, au sujet de cette île; je crois qu'il est de mon devoir de vous assurer que la situation de cette île, en Europe, ne vous convient pas, et que le titre de souverain de quelques âcres de terre convient encore moins à celui qui a possédé un empire immense.

» Je vous supplie de peser ces deux considérations, et vous sentirez combien elles sont fondées.

» L'île d'Elbe est à très-peu de distance de l'Afrique, de la Grèce et de l'Espagne; elle touche presqu'aux côtes de l'Italie et de la France. De cette île, la mer, les vents et une petite felouque peuvent vous amener subitement dans les pays les plus exposés à l'agitation, aux événemens et aux révolutions. La stabilité n'existe encore nulle part : dans cet état de mobilité des nations, un génie comme le vôtre peut toujours exciter de l'inquiétude et des soupçons parmi les puissances européennes; sans être criminel, vous pouvez être accusé, et, sans être criminel, vous pouvez aussi faire du mal; car l'alarme est un grand mal, tant pour les gouvernemens que pour les nations.

» Le roi qui monte sur le trône de France, désire régner uniquement par la justice; mais vous savez de combien de passions un trône est entouré, et avec quelle adresse la haine donne à la calomnie les couleurs de la vérité.

» Les titres que vous conservez, en rappelant à chaque instant ce que vous avez perdu, ne peuvent servir qu'à augmenter l'amertume de vos regrets (*); ils ne paraîtront pas des débris, mais une vaine représentation de tant de grandeurs qui se sont évanouies. Je dis plus, sans vous honorer, ils vous exposent à de plus grands dangers : on dira que vous ne gardez vos titres que parce que vous conservez toutes vos prétentions; on dira que le rocher de l'île d'Elbe est le point d'appui sur lequel vous voulez placer le lévier d'où vous cherchez de nouveau à soulever le monde.

» Permettez-moi de vous dire toute ma pensée. Il serait plus glorieux et plus consolant pour vous de vivre comme un simple particulier, et à présent l'asyle le plus sûr et le

(*) Comment garder ses titres, s'ils n'offrent que la preuve des pertes qu'on a faites? Bonaparte était prisonnier; mais il lisait dans l'avenir et méditait déjà sa déplorable évasion.

Nos petits hobereaux se font nommer encore messires, hauts et puissans seigneurs, etc. : ignorent-ils, ces gentillâtres, que Frédéric-le-Grand appelait leurs vains titres les décorations des sots?

plus convenable pour un homme comme vous, est dans les Etats-Unis de l'Amérique. Là, vous recommencerez votre existence, au milieu d'un peuple encore neuf, qui saura admirer votre génie sans le craindre; vous serez sous la protection des lois également impartiales et inviolables comme tout ce qui respire dans la patrie de Washington, de Franklin et Jefferson; vous prouverez aux Américains que, si vous étiez né parmi eux, vous auriez pensé et voté comme eux, et que vous auriez préféré leurs vertus et leur liberté à toutes les dominations de la terre.

» J'ai l'honneur d'être, etc.

Le duc d'Otrante. »

Vaine philosophie, dont les paroles éloquentes ne frappaient qu'un rocher (*) !

Les ministres du prince qui était rétabli sur le trône de ses ancêtres par l'effet prévu de l'obstination sans bornes du conquérant, montraient une honorable et juste confiance dans les lumières de Fouché; mais ils trouvaient qu'il

(*) Ceux qui ne veulent prendre conseil en rien de ce qu'ils font, a dit un roi qui n'aimait guère les conseils, ne font presque jamais rien de ce qu'ils veulent.

(Louis XIV.)

avait conservé trop de penchant pour le gouvernement de Bonaparte. Il est vrai, par exemple, que rien ne pouvait le convaincre de la nécessité de changer les couleurs de la cocarde et des drapeaux, signe d'ailleurs qu'avait jadis porté

Le seul roi dont le pauvre ait gardé la mémoire.

« La chose n'est pas bien comprise, disait le duc d'Otrante aux amis de Louis XVIII : on ne prévoit pas toutes les peines qu'on aura à faire fléchir la France devant un étendard qu'elle regarde depuis vingt-cinq ans comme l'étendard de la guerre civile. Cette question n'est frivole qu'en apparence : elle décidera de tout; c'est la question de l'étendard sous lequel la France se ralliera ; cette question paraîtra aux yeux de la nation le triomphe d'un parti sur elle ; la couleur du ruban semblera décider de la couleur du règne. Ce sacrifice sera pour le Roi ce que fut pour Henri IV celui de la messe : les trois couleurs, au reste, étaient celles de ce prince. »

Les vrais amis du Roi voyaient souvent le duc pour lui demander des avis et des conseils. Il leur recommandait à tous de ne pas établir de luttes entre les vieilles passions et les nouvelles, entre les émigrés qui aiment l'ancien régime et la nation qui l'abhore. On revenait sans cesse le consulter ; mais on se laissait entraîner par la fougue des passions, l'ascendant de l'oligarchie unie au jésuitisme, et le pouvoir des intrigans.

Le sage conseilleur, voyant avec chagrin que ses conseils n'obtenaient pas plus de succès auprès du nouveau ministère que ses avis (*) n'en avait obtenu naguère auprès de Bonaparte, s'était retiré à Ferrière, lorsque deux personnes connues, et incapables de lui tendre aucun piége, vinrent lui proposer de prendre part à un projet de changement, et l'inviter à les accompagner en un lieu sûr où s'assemblait un comité secret. Il répondit : « Je ne travaille point en serre-chaude, et je ne ferai jamais rien qui ne puisse parraître au grand air. »

Le ministre de la marine, ce regrettable Malouet, son ancien confrère de l'Oratoire et son ami fidèle, continua ses relations avec lui. Une *Biographie* imprimée à Leipsick, offre dans sa notice plusieurs lettres très-remarquables de sa correspondance, avec des personnages français et étrangers, du plus haut rang, qui l'ont environné de leur estime, rem-

(*) Nous ne reconnaissons pour hommes de bon sens, dit Larochefoucauld, que ceux qui sont de notre avis.

part qui le défend contre d'obscurs et lâches ennemis, gloire qui le console des noirceurs de la calomnie et des tourmens de la proscription.

Fouché, s'adressant à Blacas, que le libéralisme *anticoncordataire*, et si éminemment patriotique, a vu depuis, avec indifférence, s'absorber dans la sphère étroite de l'ultramontanisme, donnait encore des conseils dans sa lettre du 23 juin 1814, et prédisait en quelque sorte avec le bonheur de Cassandre.

« L'agitation de la France, disait-il au ministre de la Maison du Roi, a pour causes, dans le peuple, la crainte du retour des droits féodaux : dans les possesseurs de domaines nationaux, qui forment une grande partie de notre population, l'inquiétude pour leurs domaines; dans ceux qui se sont prononcés fortement pour la république ou pour Bonaparte, le doute sur leur sûreté personnelle; dans l'armée, la perte et le regret de tant d'espérances, de gloire et de fortune, que Bonaparte présentait sans-cesse à l'ambition et à l'imagination des soldats et des généraux; dans la classe de ceux qui voulaient pour la France ce que possède l'Angleterre depuis plusieurs siècles, l'étonnement où les laisse la Charte constitutionnelle, dont le Roi a voulu faire une émanation de la puissance héréditaire de son trône.

» Le mécontentement des troupes, cet inconvénient qui a lieu, plus ou moins à la fin de toutes les guerres, devait nécessairement agir avec bien plus d'étendue après les guerres de Bonaparte, qui semblait promettre le partage de l'Europe à ses lieutenans.

» Une armée, et une armée surtout formée par la conscription, prend toujours l'esprit de la nation au milieu de laquelle elle vit; elle finit toujours par être contente ou mécontente avec la nation et comme elle; et si, lorsqu'elle a perdu tout-à-coup les chances de fortune que lui offraient les guerres d'un conquérant, les soldats, rentrés dans leurs foyers, entendent leurs pères et mères, leurs frères et leurs amis, exprimer des craintes pour leurs propriétés, pour leur sûreté et pour leur liberté; le gouvernement, quelque fort qu'il soit, et quelque cher qu'il doive être à la nation, doit aussi tout craindre pour lui-même.

» Qu'est-ce qui a répandu des inquiétudes si vives et si universelles parmi les acquéreurs de domaines nationaux? C'est que la garantie qui leur a été donnée, avait été donnée également à des milliers de Français, qui, durant la république, ont émis des votes qui n'ont pu devenir des fautes ou des crimes imputables que sous la monarchie : leur cause est la même, et quand les engagemens pris envers les uns n'ont pas été remplis, les promesses faites aux autres ne les rassurent plus. (*)

» Une nation où, depuis vingt-cinq ans, les esprits et les ames ont été dans une action assez forte pour donner des secousses à l'univers, ne peut pas, sans de longues gradations, rentrer dans un état doux et paisible. Il ne faut donc pas entreprendre d'arrêter son activité ; il faut donner à cette activité, devenue dévorante, d'autres alimens ; il ne faut pas lui dire qu'elle doit renoncer à l'idée d'être la première nation de l'Europe ; il faut ouvrir et élargir de toutes parts les carrières sans bornes de toutes les industries, de toutes les branches de commerce, de tous les arts de la main et du goût, de toutes les sciences et de leurs découvertes ; enfin, de tout ce qui étend la raison et la puissance de l'homme. Le dix-neuvième siècle commence à peine, il faut qu'il porte le nom de Louis XVIII comme le dix-septième porte le nom de Louis XIV.

» Le moyen le plus prompt pour environner le trône de toutes les affections du peuple français, c'est de présenter à sa passion, pour les débats politiques et législatifs, les discussions de la

(*) Ceux qui savent faire le plus, savent le mieux combien il faut peu promettre. (Louis XIV.)

chambre des pairs et de celle des députés, sur des projets de lois, tels que la loi répressive des abus du pouvoir et des délits de la presse; tels qu'un plan d'instruction publique, où ce qu'il y a de plus pur dans la raison et de plus certain dans la religion, concourraient à enseigner la morale à toutes les classes du peuple. (*)

» Eh! que de sacrifices on obtiendrait, s'ils étaient demandés à un peuple satisfait de ses lois et de son gouvernement!

» Une multitude de Français dévoués à tous les malheurs des Bourbons, comme ils l'avaient été à leur puissance, sont revenus avec la dynastie de leurs Rois; mais ils ne peuvent pas rentrer dans des domaines qui ne sont plus les leurs, sans exciter de violentes commotions et une guerre civile. Le plus grand nombre n'a pas même de domaine à réclamer. Eh bien! qu'un des ministres de S. M., avec la logique d'un esprit sain et d'un cœur qui sent tout ce qu'on

---

(*) La morale, dit d'Alembert, est la connaissance de nos devoirs envers autrui et nous-mêmes; c'est, dit Buffier, l'art de se procurer, par la vertu, le plus grand bonheur possible. Si la morale n'était pas, ajouterai-je, une loi naturelle écrite dans le cœur de tous les hommes, nos oligarques et nos missionnaires se chargeraient sans doute de la prêcher d'exemple.

doit à de grands malheurs et à de grandes vertus, demande à la chambre des pairs et à la chambre des députés, une somme annuelle destinée à servir d'indemnité à des infortunes et à des indigences si dignes d'être assistées par une nation héroïque et sensible (*) : j'en réponds, la proposition dans les chambres serait transformée en loi par acclamation.

» C'est ainsi que les réactions ont un terme, et que ce terme devient la paix et le bonheur de tous. »

La *Biographie* des ultrà, en rapportant la réponse du duc d'Otrante, *qui ne travaillait*

(*) Certes, la nation française, héroïque et sensible, adopterait avec transport cette loi magnanime que proposait le duc d'Otrante avec franchise et générosité, car c'était en faveur de plus d'un de ses ennemis ; après lui, le duc de Tarente fit, dans le même esprit, à la chambre des pairs, une éloquente motion sur ce sujet, où il admit les braves de notre Légion-d'honneur. Tout bon français dut applaudir à cette proposition, comme au noble discours du général Foy, député en vertu d'une loi qui seule protége la Charte ; mais ce n'est point de l'héroïsme ni de la sensibilité qu'il faut avoir pour venir au secours de nos légionnaires, c'est seulement de l'équité.

S'il y a, dit Voltaire, un côté respectable et frappant de notre religion, c'est le pardon toujours héroïque des injures.

point en serre chaude, ajoute : « Il est certain que Fouché ne voulait pas plus alors de Bonaparte que de Louis XVIII, et qu'il refusa son assentiment, d'abord au retour de l'échappé de l'île d'Elbe. Il était à Paris quand Bonaparte débarqua, et il ne dissimula pas sa persuasion qu'il réussirait. Dans son entrevue avec un personnage auguste, chez la princesse de Vaudemont, il dit qu'il était trop tard pour qu'il pût servir le Roi. On voulut alors s'assurer de sa personne pour l'emmener en ôtage à Lille, mais il avait tout prévu et s'esquiva par une porte secrète dans la maison d'Hortense Beauharnais. »

Fouché, sans doute, n'est pas plus napoléoniste qu'idolâtre insensé de la royauté absolue, ou lâche courtisan d'un prince, quel qu'il soit ; mais il est zélateur sincère du gouvernement le plus sage.

Celui de France, quand Bonaparte était à l'île d'Elbe, avait été plus d'une fois compromis par l'impunité des prétentions orgueilleuses, des imprudences, des menaces, des fautes que se permettait le parti féodaliste - ultramontain. Les neuf millions d'acquéreurs de domaines nationaux n'étaient pas sans alarmes ; les ventes, les mutations de ces propriétés devenaient chaque jour plus difficiles : certains articles de gazettes, écrits sous l'influence de la censure, et qui, par cela même, avaient un air officiel; des discours plus qu'impolitiques tenus à la tribune nationale; *la ligne droite et puis la ligne courbe* de l'ex-patriote Ferrand, avaient dû remuer les passions et alarmer de nombreux intérêts. Les cultivateurs, que révoltent les seuls mots dîmes, cens, gabelles et corvées (*), accueillaient tous les bruits sinistres qu'un mécontentement perturbateur, mais provoqué, se plaisait à répandre; une sorte d'inquiétude et une crainte vague ne régnaient pas moins dans les villes; l'armée voyait sa gloire ou dédaignée ou méconnue, et déplorait la perte de l'ascendant qu'elle avait eu sous un chef militaire; les officiers d'un rang inférieur et les sous-officiers surtout, se voyant arrêtés dans leur carrière, désiraient un ordre de choses plus favorable à leur avancement; les soldats partageaient ces idées naturelles et regrettaient leur étendard si souvent consacré par la victoire; enfin, les hommes de sang-froid apercevaient partout, et le désir d'un changement, et des symptômes de révolution; mais cela est prouvé, le seul complot réel était celui qu'avaient formé deux ou trois généraux, en janvier 1815, et l'on

(*) Grace à la vraie philosophie, les Français ne sont plus corvéables. (Billardon-Sauvigny.)

sait positivement que la plupart des autres n'apprirent pas sans surprise, sans peine et sans inquiétude l'évasion de Bonaparte.

Dans cet état de choses, Napoléon reparaît comme un phénomène. L'audace de son entreprise(*) étonne les courages, ébranle les esprits, exerce une puissance altière sur les imaginations. Il s'avance, escorté des intérêts de la France nouvelle, et du prestige qui s'attache aux projets extraordinaires exécutés rapidement. Le soldat reconnaît sa voix, et le peuple voyant en lui le représentant de la force qui avait détruit les abus, et le protecteur naturel d'une liberté qu'il proclâme, compte encore sur son étoile.

Comme le duc d'Otrante avait plusieurs fois répété que la marche suivie alors préparait à la France une agitation nouvelle, une inévitable secousse et le retour de Bonaparte, ses ennemis en conclurent d'abord, lorsque celui-ci débarqua, que c'était lui qui favorisait ce retour. Il eut à ce sujet deux conférences; la première à son hôtel même, avec M. d'Ambray, garde des sceaux,

(*) C'est par l'audace, dit Euripide, que l'on parvient à tout. L'audace, dit Bonald, est la prudence du génie. Rien n'est au-dessus de l'audace; mais, dit Strobée, quand elle est jointe à la prudence.

en présence d'un pair, le comte d'Orvilliers : « Je conseille au Roi, leur dit-il, de se retirer à Lille avec ses plus fidèles serviteurs, et de laisser les événemens se développer. Bonaparte n'a rien préparé pour se maintenir ; s'il n'a aucun point d'appui en Europe, son nouveau règne ne peut durer trois mois. » Dans la deuxième conférence de l'ex-ministre avec Monsieur, chez le comte d'Escare, le premier s'excusa, dit-on, de ne pouvoir servir le Roi, attendu qu'il n'était plus temps. Cette entrevue nocturne avait duré deux ou trois heures. Le lendemain, des agens de police et des gendarmes se présentent chez lui pour l'arrêter et le conduire à la citadelle de Lille en qualité d'ôtage ; mais tel est l'ascendant de la probité courageuse, qu'aucun des sbires n'ose porter la main sur sa personne. Il se retira cependant chez la duchesse de Saint-Leu, ci-devant reine de Hollande. On avait craint qu'il ne prêtât ses moyens politiques à un nouvel ordre de choses ; mais on ne pouvait croire avec raison qu'il eût contribué, au moins par des conseils, à l'exécution du projet imprévu tenté par Bonaparte. Il est à remarquer, pour la vérité de l'histoire, que le nom de Fouché ne se trouve mêlé à aucune des mille intrigues qui ont eu lieu sous les différens ministères : s'il a servi plusieurs gouvernemens, comme ministre, avec autant de zèle que de fidélité, jamais il n'a été leur confident. (*)

Le jugement rendu par le conseil de guerre, en 1816, contre le duc de Rovigo, aurait pu altérer, sans les détruire, ces dernières assertions; car, dans la procédure instruite à cette époque, on trouve la lettre suivante; mais une sentence équitable prouva l'iniquité de plus d'un jugement.

« Etat major de Paris,
1re. division militaire.

Paris, 18 août 1816.

» A M. Viotti, *rapporteur*.

» J'ai l'honneur de vous transmettre ci-jointe une lettre entièrement écrite de la main du duc de Rovigo (Savary) et signée de lui, par laquelle il recommande au duc d'Otrante, *à qui elle était adressée*, le docteur Renoult, comme l'agent d'une correspondance entre l'île d'Elbe et le parti de l'usurpateur.

» Ce monument *incontestable* de la *culpabilité* de Savary, servira à la fois à compléter votre instruction et à éclairer la justice du conseil sur les trames du prévenu.

» Le général commandant la 1re. division militaire, Comte Despinois. »

(*) Les rois ont, comme la nature, beaucoup d'observateurs et peu de confidens.

A l'audience du conseil qui rejugea le brave Savary, en 1819, M. Dupin, avocat justement célèbre par ses talens et son patriotisme, fit remarquer le ton de partialité de cette lettre, « qui n'aurait dû être, dit-il, qu'une simple lettre, d'envoi, et qui renferme, non-seulement une accusation, mais en quelque sorte une sentence, puisqu'on y parle affirmativement de la culpabilité. Voilà donc en quels termes et sous quelle influence on a procédé, en 1816, au jugement du duc de Rovigo. »

La lettre accusatrice était ainsi conçue :

« J'avais nommé le docteur Renoult médecin des prisons d'état. Il a été renvoyé, et c'est lui qui, dans l'année qui vient de s'écouler, a été le colporteur et l'entremetteur entre l'île d'Elbe et nous. Il est connu au ministère et fera bien ce qu'on demandera de lui. Il a fait les guerres d'Italie et de Pologne.

» Duc de Rovigo. »

Et cette lettre était *sans date et sans adresse*, de manière qu'on ne pouvait la rattacher à une époque fixe. « Comment se trouve-t-elle au procès? reprend M. Dupin; on prétend qu'elle a été adressée au duc d'Otrante. Mais est-ce donc lui qui l'a envoyée? Non sans doute, car cette lettre disant que M. Renoult a été le colporteur des communications entre l'île d'Elbe et *nous*, ce dernier mot aurait compromis le duc d'Otrante aussibien que le duc de Rovigo. Le duc d'Otrante l'eût donc supprimée, sinon dans les cent jours, au moins depuis, lorsqu'il entra dans le conseil du Roi. »

Le duc d'Otrante n'a pu livrer la lettre; mais l'avait-il reçue ? le duc de Rovigo soutient qu'il ne l'a pas écrite; qui prouve le contraire ? M. le comte Despinois a deviné l'adresse; mais de qui tenait-il la lettre ? Enfin, elle était fausse, et la justification du duc de Rovigo (*), mise dans tout son jour par un des aigles du premier barreau de l'Europe, démontre jusqu'à l'évidence combien le duc d'Otrante fut étranger à l'invasion de celui dont un seul mot pouvait troubler le monde.

Il y a plus encore; ceux qui étaient admis chez l'ex-ministre à cette époque déplorable,

(*) « Quant à moi, Messieurs, dit l'illustre avocat dans sa péroraison, puisque la Providence à permis que je défendisse le premier et le dernier des noms inscrits sur une liste fatale, puisse la voix unanime qui acquittera celui-ci, consoler les mânes de l'autre ! Puissé-je voir aujourd'hui le terme de tant de funestes procès, et désormais n'avoir plus occasion de prêter le secours de ma toge à ces braves qui pendant si long-temps prêtèrent à la patrie le secours héroïque de leur vaillante épée ! »

assurent qu'il était très-opposé à ce que Bonaparte quittât son île pour faire un coup de main sur la France ou sur l'Italie. « Il veut donc jouer, disait-il à ceux qui en parlaient, le rôle d'un aventurier » ? On sait d'ailleurs que le roi Joachim, l'ayant fait consulter sur ce qu'il devait faire dans le cas où Napoléon débarquerait en Italie, se vit même blâmer, dans la réponse, pour les faibles relations qu'il avait avec l'île d'Elbe.

« Vous ne pouvez, lui écrit-il, en entretenir aucune qui ne soit suspecte; il ne suffit pas d'avoir de l'honneur, il faut y faire croire; vous ne devez pas seulement être honnête homme, vous devez être honoré. Que la crainte de passer pour un ingrat aux yeux des gens qui se croient en état de juger de tout sans avoir réfléchi sur rien, ne vous fasse pas mériter un reproche plus sévère de la part des hommes éclairés. Je vous ai détourné dans un temps du parti que vous aviez pris de vous détacher de Bonaparte : je vous conseille aujourd'hui d'y persister, parceque c'est votre devoir. Ceux qui vous disent que votre alliance avec les souverains vous a déshonoré (*),

(*) Quelles réflexions naîtraient de cette seule phrase sur les progrès immenses de la philosophie en un seul quart de siècle ! L'opinion publique trouve tout simple

voudraient donc vous déshonorer une seconde fois. Rejetez loin de vous les conseils qu'on ose vous donner de faire une chose et de laisser croire l'autre. Il ne s'agit pas pour vous de vous mettre à l'abri des preuves ; cette tentative n'approcha jamais d'un grand cœur. J'écris sur cet objet important à l'Empereur Napoléon, et je vous envoie copie de ma lettre. »

Arrivé à Paris, Bonaparte fait appeler auprès de lui le duc d'Otrante. « Quoi ! lui dit-il en l'abordant, on a voulu vous enlever, pour vous empêcher d'être utile à votre pays ? Eh bien ! je vous offre l'occasion de lui rendre de nouveaux services. Le moment est difficile, mais votre courage ainsi que le mien sont supérieurs à la crise : acceptez encore une fois le ministère de la Police. »

---

qu'un soldat se soit déshonoré en s'alliant avec deux empereurs et une douzaine de rois, contre un autre soldat ? Et nos mirmidons politiques, nos lilliputiens oligarchiques, nos cirons jésuitiques, armés contre un peuple géant, prétendent rétablir un jour, bientôt, demain, leur règne misérable et ténébreux ! Non, la raison victorieuse, la justice éternelle, appuyées sur l'imprimerie, éclairées par la vérité, flambeau du premier être, ont fait tomber enfin le bandeau de l'erreur, ont démasqué un triple fanatisme, ont mis à nu la petitesse ambitieuse, l'orgueilleuse exiguité, la faiblesse arrogante

Fouché ne dissimula rien de tout ce qu'il pensait sur les nombreux dangers qui menaçaient Napoléon, s'il n'était au moins soutenu par une puissance étrangère du premier ordre. Il accepta le ministère, mais dans la persuasion que l'Empereur ne serait pas seul dans la lutte qui allait s'engager.

Je citerai ici, sans aucune observation, ce qu'un écrivain distingué, frondeur du duc d'Otrante, a publié sur cette époque.

« La conduite de Bonaparte, après son arrivée de l'île d'Elbe à Paris, ne fut pas entièrement réglée par la prudence. Il céda beaucoup aux circonstances : il n'aimait pas Fouché, et cependant il lui confia le portefeuille de la police,

---

des ennemis de l'égalité naturelle, et la liberté radieuse a brisé ce vaste éteignoir que les sots préjugés soutenaient de leurs bras roidis sur la tête du genre humain. Nous pouvons aujourd'hui, sous le bouclier de la gloire, dire aux ci devant immobiles, qui deviennent entreprenans, que leurs succès feront toujours un progrès régulier dans l'ordre rétrograde. Quant à nous, citoyens de la France nouvelle, marchons toujours avec le siècle; mais conservons la charte, en disant, avec Oxenstiern : le régime républicain tue les peuples trop policés, et répétant, avec Louis Racine :

Sous un roi citoyen, tout citoyen est roi.

se mettant ainsi à la discrétion d'un homme qu'il avait offensé.

» Fouché savait trop bien que l'Empereur ne l'emploirait qu'autant qu'il jugerâit sa coopération nécessaire à ses projets ; il chercha dès-lors à s'assurer quelle était l'intention des puissances, et se prépara pour l'avenir. (*)

» Après avoir *tendu tous ses fils* au-dehors, Fouché s'occupa de l'intérieur. Il employa toute son adresse à ne se compromettre personnellement avec aucun parti ; et c'est à cette résolution qu'il faut attribuer l'espèce de métaphysique qui régne dans ses instructions et ses circulaires imprimées ; rien n'y était déterminé.

» Par la suite d'un tel système, et par le caractère même du duc d'Otrante, *qui répugne aux actes de rigueur*, les mesures sévères que

(*) « Ceci, ajoute l'écrivain, aurait besoin de développement ; mais le jour des révélations complettes n'est pas arrivé. » Ces révélations ne nous apprendront pas que, si le duc d'Otrante *se prépara pour l'avenir*, il évita la plus rude proscription. Cet avenir, devenu le présent, n'est pas heureux pour lui : errant, quoique toujours paisible, de retraite en retraite, il quitte Lintz au moment ou j'écris, se rend à Vienne et sera bientôt à Trieste ; et il ne peut pas dire : *Les exilés ont pour patrie la liberté.*

Bonaparte voulait prendre furent singulièrement adoucies. Des ordres d'exil étaient donnés en masse ; mais les individus obtenaient facilement des exceptions. Aucun des écrivains qui avaient récemment fulminé contre Bonaparte ne fut poursuivi.

» M. d'Ambray était à Rouen ou dans les environs. Bonaparte voulait le faire arrêter ; il fut averti à temps et se sauva en Angleterre. Le choix des lieutenans-généraux de police, annoncé avec tant de solennité, prouva que l'institution n'avait été proposée que pour éluder les intentions de Bonaparte. Tout, excepté un seul (Moreau à Nantes), restèrent dans une inaction complète. Moreau, qui avait pris un arrêté un peu acerbe contre les royalistes de la Vendée, fut sévèrement réprimandé ; son arrêté ne reçut aucune exécution.

» Cependant Bonaparte envoyait partout des agens particuliers. Il réorganisait son armée, et reformait son matériel avec une promptitude admirable. On apprit bientôt que les forces royales prenaient de la consistance dans la Vendée, et on y fit passer des troupes. Les Vendéens n'étaient qu'égarés ; il fallait envoyer dans leur pays un général qui sût à la fois combattre les royalistes armés, et ramener la population à des idées pacifiques. Le général Lamarque fut proposé et accepté. Sa conduite, et celle du général Travot, ont justifié cette confiance : cependant le général Lamarque a gémi dans l'exil, et l'on sait ce qu'est devenu le général Travot.

» Bonaparte craignait le duc d'Otrante. Il lui échappa un jour de dire à l'un de ses ministres d'état : « Avant de m'occuper de lui, j'ai besoin d'une victoire. »

» Ces propos arrivèrent à l'oreille du ministre de la police. Il en fut alarmé, et chercha de plus en plus à se fortifier contre les chances de l'avenir. Il songeait déjà à s'assurer l'appui de la majorité dans les deux chambres dont il commençait à être question. Bonaparte aurait voulu conserver la dictature, et renvoyer la convocation des chambres jusques après les événemens de la campagne. Le ministère insista sur la convocation prochaine de la chambre des représentans.

» C'est à l'époque où l'on parlait de l'élection des nouveaux députés, que Bonaparte résolut d'enlever au ministre de la police la direction des journaux. Le *Journal des Débats* fut confié à Lucien, celui de *Paris* au duc de Bassano, le *Journal Général* au ministre de l'intérieur, la *Gazette de France* à je ne sais quel dignitaire. Fouché n'eut pour sa part que les journaux les moins répandus. »

Quoi qu'il en soit de deux ou trois assertions que je réfuterais facilement, si je le croyais nécessaire, l'administration du duc d'Otrante inspira la plus grande *sécurité* : il ne proposa pas une vaine amnistie (*) ; il soutint que Napoléon devait tout ignorer, et lui-même prêcha d'exemple : n'ayant pas eu besoin de consolations dans les disgraces, il n'avait pas besoin de vengeances dans les faveurs; il faisait rassurer ses ennemis, et délivrer des passeports à ceux qui n'osaient croire au pardon généreux de tout le mal que leur fureur lui avait fait ou avait tenté de lui faire.

Tout marcha d'un commun accord entre Bonaparte et Fouché, jusqu'au moment où un ministre du congrés envoya une lettre à celui-ci, dans laquelle il lui déclarait, d'une manière positive, que jamais Bonaparte ne serait reconnu; que toutes les puissances avaient, sur ce sujet, une volonté unanime, et qu'elles disposaient tous leurs moyens hostiles pour marcher contre lui. Alors le duc d'Otrante parlant à Bonaparte, en lui communiquant cette lettre authentique : « Sire, dit-il, vous le savez, il est impossible à la France, fatiguée de la guerre,

(*) Comme celle des oligarques, en 1815.

de soutenir le choc de dix puissances réunies. Il convient donc que V. M. s'explique franchement avec la nation. Assurez-vous ensuite des dernières intentions des souverains; et, s'ils persistent, il n'y a pas à balancer : les intérêts de la patrie, comme les vôtres, vous font un devoir d'abdiquer et de vous retirer en Amérique. »

Un tel conseil n'avait pas moins de sagesse que de grandeur; il eût épargné bien des maux, bien des ravages; s'il eût été suivi avec constance et magnanimité, il eût rendu Fouché libérateur de la patrie et sauveur de Napoléon; mais il blessa l'orgueil du conquérant, et lui inspira des soupçons contre l'homme qui avait eu le courage de le donner.

Les armées ennemies s'avançaient cependant vers nos frontières. Bonaparte forma en peu de temps des corps considérables, moins par le nombre que par leur courage éprouvé dans vingt combats, et, à leur tête, il marcha vers le nord; il vainquit à Fleurus...

Une fatale erreur, une méprise à jamais déplorable, triompha seule, au Mont-Saint-Jean, des premiers guerriers de l'Europe.

Nous avons cent relations de cette journée désastreuse, où tant de braves, l'honneur de la patrie, *ont trouvé dans la mort leur immortalité*, et où leur premier général fut terrassé par le destin ; mais aucune, sans doute, n'égale le simple récit qu'il rédigea lui-même dans sa retraite océanique, et qui vient d'être publiée en Angleterre par le docteur O. Meara, confident et ami de l'infortune.

Napoléon reparaît dans la capitale. « Certes, dit l'écrivain qui censure le duc d'Otrante, l'Empereur ne pouvait commettre une plus grande faute ! On ne sait quel événement aurait eu lieu s'il était resté à la tête de son armée et en eût rassemblé lui-même les généreux débris. Sa présence imprévue déconcerta ses plus chauds partisans ; mais la faute une fois commise, les hommes qui voulaient conserver Paris et la France, songèrent à en profiter. »

La chambre des représentans, qu'une si courte session a immortalisée, était en général composée d'hommes distingués par leurs talens, leur énergie, non moins que par leur modération et leur patriotisme : là, presque tous les orateurs parlaient avec facilité, tous d'abondance, et un assez grand nombre avec une précision ou une force d'éloquence, dont on avait perdu le souvenir ; là, toutes les tribunes, assiégées de bonne heure, se trouvaient envahies par des spectateurs curieux de débats vraiment libéraux, tandis que les espaces des deux côtés de la tribune, jusqu'aux deux portes latérales, étaient remplis de soldats citoyens; là, les discussions offraient le plus grand intérêt, et ne permettaient pas l'ennui. L'assemblée ayant rejeté l'usage somnifère de la lecture, on ne voyait pas dans les mains des orateurs, ces énormes rouleaux de soporifique papier, dont l'aspect seul provoque au bâillement. De bons juges prétendent que depuis l'assemblée constituante d'immortelle mémoire, on ne vit point une telle réunion de vrais talens, amis de la patrie, de la gloire nationale et de la monarchie constitutionnelle.

Napoléon, ayant vu avec peine que le duc d'Otrante, nommé par le département de la Loire-Inférieure, allait siéger dans cette chambre, l'avait placé dans celle de ses pairs.

Après la funeste journée de Mont-Saint-Jean, l'illustre Lafayette, que les plus terribles tempêtes n'ont jamais pris au dépourvu (*), se chargea de porter le premier coup au despotisme, qui voulait tenter par la force ce qu'il

---

(*) La vie de ce célèbre et digne ami de Washington offre à l'histoire des trais du plus grand caractère; et tous

aurait peut-être exécuté par la victoire. Tout le monde connaît la résolution doublement libérale qu'il proposa aux députés, et son énergique discours commençant par ces mots :

« Lorsque, pour la première fois, depuis

---

marqués du sceau d'un généreux patriotisme. J'en citerai ici deux ou trois qui restent présens à ma mémoire. Son cartel, refusé en Amérique par un lord insolent et lâche, était chevaleresque, mais pour l'honneur de sa patrie : cette anecdote est détaillée dans mon Histoire du Gouvernement britannique.

Vers le commencement de la captivité du brave Lafayette dans les cachots d'Olmutz, un officier, commandant de Wesel, vint lui donner lecture d'une lettre de l'Empereur, portant que, si le général avait quelque plan de campagne à proposer contre la France, cela pourrait contribuer à adoucir son sort. « Moi, des plans contre la France, s'écrie le prisonnier ! moi, faire cause commune avec les puissances coalisées pour détruire la liberté de mon pays ! cela est par trop impertinent ! »

Un député de la convention nationale, Felix Faulcon, détenu aussi et présent à cette conférence, fit observer au général que la proposition venant d'une tête couronnée, l'épithète d'impertinente dont il la qualifiait, était peut-être déplacée. « Depuis que j'existe, reprend M. de Lafayette, j'appelle les choses par leur nom, et quoique je sois prisonnier d'un roi, ce n'est pas, pour moi, un motif de lui passer cette inpertinence.

bien des années, j'élève une voix que les vieux amis de la liberté reconnaîtront encore, je me sens appelé, Messieurs, à vous parler des dangers de la patrie, que vous seuls à présent avez le pouvoir de sauver. »

Il est trop évident, par cette résolution et tout ce qui la motivait, qu'on craignait que Napoléon, usant de sa prérogative, ne prononçât la dissolution des chambres, et ne reprît le pouvoir de la dictature, qui aurait pu être si funeste à la France.

Pendant la souveraine et irrésistible action de ces deux assemblées, dont la première cependant n'était alors, comme aujourd'hui, que la seconde, on a vu, d'un côté, grandir la renommée des Lafayette, des Carnot, des Lanjuinais, des Fouché, des Boissy, des Larochefoucauld, des Constant, des Grégoire, des Lucien, des Thibaudeau, des Defermont, des Regnault, des Dupont-de-l'Eure; tandis que s'élevait de l'autre, à une assez grande hauteur pour soutenir l'espérance de la patrie, la réputation de Manuel, de Jay, de d'Argenson, de Tripier, de Dupin, dignes émules des premiers, et qui ont de nobles rivaux.

Chaque jour offrait une époque, chaque minute enfantait un événement : l'Europe entière s'avançait pour accabler la France, qui l'eût encore repoussée par la victoire pour conquérir la liberté, si l'égoïsme oligarchique n'eût servi la haine étrangère par la discorde domestique, pour rétablir la servitude ; mais le patriotisme, que toujours l'estime environne, remporta du moins un triomphe, et le despotisme, entouré d'une gloire inutile, devint encore *abdicateur*.

Il fallut s'occuper de la formation d'un gouvernement provisoire. Le duc d'Otrante, et M. Dupin et Regnault, avaient proposé de nommer cinq commissaires, dont *deux* seraient nommés *dans* la chambre des pairs, et *trois* choisis *dans* celle des représentans. Le bruit public désignait Fouché et Carnot *dans* la première, et Lafayette, Lanjuinais et Flaugergues *dans* la seconde. Ces dispositions changèrent, par une espèce d'escamotage politique ou de mistification, dont beaucoup de personnes furent dupes à cette époque : dans une autre rédaction, M. Regnault substitua la préposition *par* à la préposition *dans*. La chambre des représentans ayant fait ses choix la première, M. de Lafayette se trouva écarté, ainsi que M. Lanjuinais.

« On peut observer aussi par les scrutins, dit l'écrivain cité en dernier lieu, que beaucoup de députés voulaient associer au général Lafayette le maréchal Macdonald, dont la conduite, à l'époque du 20 mars, avait été très-honorable, et qu'on savait avoir refusé d'aller à Gand et s'être retiré à la campagne. On croyait, deux heures avant le scrutin, que Lafayette passerait le premier. Il ne passa point; non que ses amis particuliers, cette fois, comme dans l'affaire de la présidence, eussent éloigné de lui cet honneur, ils le portèrent avec empressement; mais beaucoup d'intérêts et de passions travaillèrent contre lui. L'influence que le parti royal pouvait avoir, si ce n'est au sein, du moins autour de la chambre, fut dirigée contre un homme pour lequel il avait récemment encore manifesté son animadversion, et qui ne pouvait entendre à aucune transaction, aux dépens de certains principes positifs. Les Bonapartistes le regardèrent comme ennemi du roi de Rome. On leur dit que, quoiqu'il eût défendu le trône de Louis XVI, contre le père du duc d'Orléans, il était engagé avec celui-ci, dont les partisans, sans doute, s'inquiétaient de n'avoir pris aucun engagement avec lui. Beaucoup de républicains qui l'avaient proscrit, en l'appelant *aristocrate* et *royaliste*, couverts aujourd'hui de titres et de cordons, lui reprochaient d'avoir des inclinations, de conserver des intentions *républicaines*, et de n'être pas plus favorable à la nouvelle qu'il ne l'avait été à l'ancienne hérédité nobiliaire. On répandit le bruit qu'il refuserait ; qu'il se réservait pour la garde nationale, pour l'ambassade : il n'eut que cent quarante-deux voix.

» Si cette affectation à repousser les intérêts des partis lui fut défavorable, le duc d'Otrante, au contraire, se trouva porté *par les bonapartistes*, qui le savaient en correspondance avec M. de Metternich, pour la régence ; *par les partisans du duc d'Orléans*, auxquels il avait déclaré sa préférence ; *par les conventionels*, qui se rappelaient d'anciennes liaisons, et surtout par les vœux ardens des *royalistes*, qui comptaient exclusivement sur lui. La droiture républicaine de Carnot, ses rapports, dans cette dernière crise, avec Bonaparte, à la conversion duquel il croyait, et qu'il avait regardé, dans la sincérité de son patriotisme, comme le *palladium* de la liberté, lui avaient d'autant plus assuré une grande majorité, qu'il offrait l'espèce de garantie la plus recherchée dans ce moment, celle de ne donner l'inquiétude d'aucune liaison avec les anciens privilégiés. Le général Grenier, un des généraux de l'armée le plus respecté, fut le troisième. La chambre des pairs choisit le baron Quinette, ancien membre de la Convention et ancien ministre, et le duc de Vicence, connu par sa loyale franchise avec l'empereur Napoléon, et pour lequel l'empereur de Russie professait une amitié personnelle.

» La présidence fut entre Carnot et Fouché. La voix du duc d'Otrante décida, dit-on, la question qui devint très-importante par l'affluence qu'il prit sur ses collégues, et par l'abandon qu'ils lui firent des négociations les plus décisives. »

Il y a des faits altérés, dans ces détails, et quelques propositions hasardées, sinon par la haine ou par la calomnie, du moins par la légèreté ou par l'inconséquence. Si le temps n'est pas arrivé où la vérité pourra luire à travers les nuages qui couvrent encore aujourd'hui une partie du siècle appelé les cent jours, on peut déjà, et c'est assez pour détruire une erreur, tirer de ce passage même une nouvelle preuve que la publique estime environna toujours le duc d'Otrante. Il a été, comme on l'avoue, porté au faîte du poûvoir par les républicains, par les orléanistes, par les bonapartistes et par les royalistes : c'était avoir une belle majorité, car les pairs et les députés représentaiént trente millions d'hommes. Non, le patriote Fouché ne s'empara pas, par intrigue, de cette puissance éphémère, qu'il n'aurait su, d'ailleurs, conserver par son ambition, et, quelque soient les vœux contraires de tous ces électeurs, l'élu ne formait qu'un seul vœu, celui du bonheur de la France.

Appelé ainsi à la tête d'une inconstante nation séparée de son Roi et divorcée avec son Empereur, il était le premier Plutarque d'une république nouvelle, qui, moins légère et plus unie, aurait pu triompher encore de tous les rois et devenir reine de l'Occident. Jamais homme d'état ne s'est trouvé, comme le Duc, dans une circonstance plus délicate, plus critique et plus périlleuse. Napoléon était encore à l'Élysée, conservant, comme aux plus beaux jours de ses conquêtes, toute son influence sur la plus brave des armées; et cette armée, qui connaissait toutes ses pertes, et ne voulait pas calculer le nombre de ses ennemis, demandait à marcher contre eux, tandis qu'un parti intrépide et populaire, dominant les deux chambres, secondait l'élan des guerriers.

L'inéxorable Moniteur présentera les proclamations, les messages et les discours du duc d'Otrante à la postérité, qui seule peut être son juge : sa correspondance connue avec les généraux Wellington et Blucher, atteste que, pendant la crise où était sa patrie, il a su allier une grande fermeté d'ame et une rare habileté au sentiment des convenances de sa position et à la dignité du caractère de sa place. Tous ceux qui ont le plus parlé de l'indépendance d'un peuple que la nature a placé en première ligne, n'ont rien dit d'aussi fort, de plus précis; car, on le sait, les déclarations n'ajoutaient pas à la solidité des argumens et ne remédiaient à rien. La nation française venait d'être vaincue par un affreux hasard; mais la licence seule était à craindre, puisqu'il n'y a que la licence qui puisse jamais l'asservir.

De graves accusations s'élevèrent contre Fouché : il devait, disait-on alors, tenter la voie des armes pour repousser au loin les étrangers. Mais ses amis répondent : « Il y avait deux forces impossibles à surmonter; la force morale que donnait aux souverains *la promesse solennelle qu'ils avaient faite de n'entrer en France que pour briser le joug de Bonaparte*; leur présence était plutôt désirée que redoutée en ce moment par une grande partie de la nation. Cette force morale était d'ailleurs appuyée sur des armées nombreuses qui pénétraient de toutes parts et qui n'éprouvaient que de légères résistances. Que pouvait Fouché lorsque les maréchaux et les généraux, chargés de couvrir Paris, décidaient qu'il n'y avait aucun moyen honorable ou utile de combattre, qu'il fallait se hâter de négocier? Lisez la lettre du maréchal prince d'Eckmuhl et le mémoire du général Carnot, sur cette question. »

Ici ses détracteurs le placent dans un autre ordre de devoirs. Puisqu'il ne pouvait pas lutter avec les baïonnettes, et que les souverains n'avaient point accueilli ses courageux ambassadeurs, il devait sur le champ se démettre de son pouvoir. « C'est alors, disent ses amis, qui sont aussi ceux de la France, qu'on eût crié à l'égoïsme, à la lâcheté et à la trahison. Fouché eût paru reculer en même-temps devant le sacrifice de ses intérêts personnels, devant ses affections particulières, devant ses devoirs et devant le péril; car il y avait encore espoir qu'il pût faire servir son autorité au bien de son pays. S'il eût refusé le ministère de la police, on l'accuserait aujourd'hui d'avoir abandonné les choses et les hommes de la révolution à la réaction de toutes les passions du dedans et du dehors. »

Une négociation devenue péremptoirement inévitable eut lieu entre Fouché et Wellington: tous les partis conviennent du résultat; c'est que Paris fut préservé, *du moins*, des horreurs d'une invasion à main armée.

Louis XVIII était à Saint-Denis; le duc d'Otrante fut appelé auprès de lui, et il paraît que ses principes convinrent à S. M., puisqu'après les avoir exposés franchement, il fut nommé ministre de la police générale.

Le roi et les autres monarques demandèrent à ce ministre de leur faire connaître l'état actuel de la France : on vit paraître à ce sujet une note aux quatre ministres des princes alliés et deux rapports au Roi. Voici la lettre que le Duc écrivit à S. M., le 7 juillet 1815.

« Au Roi.

« Sire,

» Le retour de V. M. ne laisse plus aux membres du gouvernement d'autre devoir que celui de se séparer. Je demande, pour l'acquit de ma conscience personnelle, à lui exposer fidèlement l'opinion et les sentimens de la France.

» Ce n'est pas V. M. qu'on redoute : elle a vu, pendant onze mois, que la confiance dans sa modération et dans sa justice, soutenait les Français au milieu des craintes que leur inspiraient les entreprises d'une partie de sa cour.

» Tout le monde sait que ce ne sont ni les lumières, ni l'expérience qui manquent à V. M. ; elle connaît la France et son siècle, elle connaît le pouvoir de l'opinion ; mais sa bonté lui a trop souvent fait écouter les prétentions de ceux qui l'ont suivie dans l'adversité : dès-lors, il y a eu deux peuples en France.

» Si le même système se reproduit, et que,

tirant tous les pouvoirs d'hérédité, V. M. ne reconnaisse aucun des droits du peuple, la France, comme la première fois, sera incertaine dans ses devoirs; elle aura à hésiter entre son amour pour la patrie et son amour pour le prince, entre son penchant et ses lumières.

» Sire, V. M. a reconnu que ceux qui entraînaient le pouvoir au-delà de ses limites, sont peu propres à le soutenir quand il est ébranlé; que moins on laisse de droits à un peuple, plus sa juste défiance le porte à conserver ceux qu'on ne peut lui disputer, et que c'est toujours ainsi que l'amour s'affaiblit et que les révolutions se préparent.

» Nous vous en conjurons, Sire, daignez, cette fois, ne consulter que votre propre justice et vos lumières. *Croyez que le peuple français met aujourd'hui à sa liberté, autant d'importance qu'à sa propre vie :* il ne se croira jamais libre, s'il n'y a pas, entre les pouvoirs, des droits également inviolables. N'avions-nous pas, sous votre dynastie, des États-généraux qui étaient indépendans du monarque?

» Sire, votre sagesse ne peut attendre les événemens fâcheux pour faire des concessions; c'est alors qu'elles seraient nuisibles à votre intérêt, et peut-être même plus étendues : aujourd'hui, les concessions rapprochent les esprits, pacifient et donnent de la force à l'autorité royale ; plus tard, les concessions prouveraient la faiblesse ; c'est le désordre qui les arracherait ; les esprits resteraient aigris. »

» J'ai l'honneur d'être, etc.

» Le duc d'OTRANTE. »

Si le mérite littéraire de la note et des deux rapports est remarquable, ce qui frappe bien plus, ce sont les idées positives, fermes et courageuses d'un ministre éclairé sur les dangers du trône et les périls de la patrie, d'un homme d'état qui prévoit, au dedans ainsi qu'au dehors, les coups qu'on pourrait leur porter.

La note est moins connue que les rapports ; les gazettes anglaises n'en ont donné que des lambeaux : la voici toute entière.

« *Note du duc d'Otrante sur la situation de la France.*

Paris, 20 juillet 1815.

» La situation de la France se compose d'un grand nombre de données, qu'il est nécessaire de bien apprécier, si l'on ne veut pas être trompé par de fausses apparences. Plusieurs de ces données se rattachent à des faits antérieurs : les unes tiennent à nos opinions permanentes, à des principes qui n'ont rien de commun avec les coups de la fortune; les autres n'ont été produites que par leurs derniers événemens.

» Les maux de la France avaient déjà éclairé et rapproché avant l'abdication de Bonaparte et même avant les hostilités. Il ne s'agissait plus de défendre des intérêts personnels et étrangers à ceux de la nation, et le Roi, dès son entrée à Paris, a trouvé dans tous les cœurs les élémens d'une prompte pacification. Un état de désordre subsiste encore; mais il tient à des causes faciles à écarter; il cessera même bientôt, à moins qu'une fausse politique n'y mette obstacle, et il y aurait autant d'erreur que d'injustice, si l'on donnait à ce désordre inévitable et momentané, le nom de résistance ou de révolte. (*)

» Pour juger de notre situation, il faut remonter à ce qui s'est passé avant et depuis le 20 mars. Bonaparte a employé plus d'un prestige, pour ressaisir et retenir le pouvoir; et une nation, quand elle est trompée avec adresse, ne peut s'éclairer que par les événemens. L'illusion

(*) Commettre une injustice, dit Marc-Aurèle, c'est être impie. La violence de la révolte, selon Madame de Staël et la raison, est toujours en proportion de l'injustice, de l'esclavage. — Si l'obéissance est le résultat des masses, la révolte est celui de leur réflexion, et le mal fait réfléchir. (Napoléon.)

avait déjà cessé pour tous les hommes sages, avant les revers de l'armée : la conviction ne se forme pas, dans la multitude, avec la même rapidité.

» Les causes du mal étaient anciennes; on n'avait point assez remarqué qu'une révolution de 25 ans ne pouvait pas se terminer sans des conciliations, des précautions et des ménagemens. Une grande partie de nos malheurs est venue de ce défaut de prévoyance. Pourquoi le dissimuler maintenant? Un zèle imprudent et exagéré pour les régles et les maximes de l'ancienne monarchie, fit bientôt commettre plusieurs fautes aux royalistes et même à quelques-uns des ministres du Roi. Il en résulta des inquiétudes de plus d'un genre; un ébranlement dans l'opinion et une désaffection pour le gouvernement.

» Cette opposition morale, qui était connue de toute l'Europe, ne pouvait échapper aux calculs de Bonaparte; il n'eut pas besoin d'une autre invitation pour venir se jeter au milieu de ce mécontentement et de ces élémens de discorde. Autant les chances périlleuses d'une conspiration et du secret qu'elle aurait exigé, auraient pu faire avorter ces projets, autant il put compter, avec une espèce de certitude, sur la stupeur que produit toujours une grande nouveauté, et sur l'irréflexion et l'entraînement des esprits, quand ils sont frappés soudainement par une entreprise audacieuse et inattendue. (*)

(*) Par de l'audace, dit Lucain, l'homme cache une grande peur. Or, Bonaparte, *retraité* dans une île étroite, avait peur de la faim pour lui et ses fidèles ; il avait peur de son île natale, puisque des estafiers, qui s'y étaient rendus sans l'aveu d'aucun ennemi, lui préparaient une visite à la sicilienne ; il avait peur d'être envoyé dans cette île, prison où il est gardé par la haine, puisqu'il en était menacé par cent gazettes, échos de la vengeance.

La peur ! J'ai presque envie d'élever sur ce petit mot un grand système... Oui, le sujet est neuf, ultrà-philosophique, immense ; il remplirait au moins un noble in-folio, et je me verrais immortel, de mon vivant, pendant cinq à six lunes, comme plusieurs de nos quarante.

Les Romains, dirai-je d'abord dans mon discours préliminaire, les Romains élevaient des autels à la Peur... (On le sait bien, mais je veux démontrer que je le sais aussi.) Les Romains adoraient la Peur... (conséquence assez vraisemblable). Eh ! comment ce peuple-modèle (m'écrirai-je soudain, sans trop savoir pourquoi), ne l'aurait-il pas adorée ? La Peur est le premier mobile et plus puissant véhicule des actions humaines. Si un homme est bon ou méchant, fidèle ou traître, généreux ou avare, probe ou fripon, sincère ou hypocrite, doux ou colère, patriote ou ultrà, brave ou poltron, c'est parce qu'il a *peur* de la vertu ou du vice contraire.

La Peur aveugle, qui avait créé les faux dieux, voulut

» Une défection isolée et qui ne devint que trop décisive, facilita l'entrée de Bonaparte à Grenoble, dans le seul moment où l'on pouvait

---

détrôner l'Eternel, lorsqu'elle se crut éclairée; la Peur enfante tour-à-tour les dévots et les philosophes, les royalistes et les républicains, les ministériels et les frondeurs; la Peur produit par myriades les flatteurs et les girouettes.

Qui a mis en cendre Ilion, Rome, Moscou? La Peur. Qui a rasé Ninive, Babylone, Carthage, Thèbes, Palmire, Huningue et fait tomber *les murs* de Jéricho? La Peur. Qui a tant fait crier les oies du Capitole et les hommes de proie de 1815? La Peur.

Alexandre, César, Frédéric, Bonaparte et tous les héros de la terre, n'ont gagné autant de batailles, que par la *peur* qu'ils avaient de les perdre.

La Peur a mené aux combats un millier de rois qui tremblaient pour leur diadème; la Peur en consigna autant qui frissonnaient pour leur couronne, au fond de leur palais; la Peur a fait tuer, au Champ de Mars, des milliards de soldats mercenaires, qui craignaient de mourir de faim; la Peur a fait mourir de soif, dans les sables d'Afrique, des milliers de chasseurs d'hommes qui craignaient de ne pas former leur cargaison.

La Peur arma les patriotes qui prirent la Bastille, et les ultrà rouges et blancs qui en ouvrirent d'autres, pour y mettre les patriotes; la Peur donna des ailes à l'émigration, qui délaissa son roi, et essaya par crainte

encore écarter les maux qu'il nous apportait : il n'en fut pas ainsi trois jours après. Il avait déjà, quand il se présenta devant Lyon, une force

---

de revenir armée, pour ne pas laisser dans Paris pierre sur pierre.

Le Français qui abandonne en gémissant sa famille chérie pour voler aux frontières, n'eut-il pas *peur* d'exister sans patrie? Le guerrier qui courut sur les pas de Napoléon pour renverser ou relever des trônes, n'eut-il pas *peur* de végéter sans gloire?

Et ces illustres potentats dont la brigade auguste s'élança *seule*, *avec* un million d'arabes sur cette terre moissonnée de la fleur de ses braves, qui les amenait donc? La Peur. Et Ces républicains qu'on voit traîner leur débille vieillesse sur des bords étrangers, qui donc les a proscrits? La Peur?... Non, non, une terreur panique. Mais ces pénitens, ces bigots, jadis spoliateurs d'églises, ces tartufes qu'on voit défiler en procession avec les fanatiques et ramper aux pieds loyclistes des avides missionnaires, qui les y a jetés? La Peur.

La Peur commande les constitutions modernes, pour empêcher que la houlette du pasteur ne soit plus désormais aux prises avec le sceptre du monarque; la Peur tient la plume énergique des innombrables citoyens qui signent des pétitions pour le maintien des bonnes lois de la France nouvelle; la Peur conduit la main tremblante des oppresseurs et des esclaves qui voudraient recrépir encore la décrépite oligarchie; la Peur ordonne

quelconque, ou, du moins, des moyens suffisans pour une guerre intestine. Ce fut d'ailleurs à Lyon qu'il commença à développer ses plans astucieux. Ses promesses d'affermir la liberté civile et politique, par tous les genres de garantie et les assurances qu'il donnait ou qu'il faisait entendre, d'être soutenu par l'Autriche, produisirent l'effet qu'il voulait en obtenir. Il eut,

---

et fait qu'on exécute, tant bien que mal, lois, bills, bulles, décrets, édits, mandats, ordres, sentences, arrêts, décisions, verdicts, statuts, rescrits, ukases, règles, décrétales, canons, firmans et monitoires, tous actes qui seraient fort inutiles chez un peuple de sages, mais que le philosophe, que le plus honnête homme ne pourrait éviter que dans l'île de Robinson, s'il y existait seul; la Peur prescrit et prête tous les sermens, depuis celui du prince jusqu'à celui du garçon de bureau, et on les tient...

Si un mari exige un serment de sa jeune épouse, c'est qu'il a *peur* d'être ce qu'il sera ou ce qu'il est; si un docteur court si vîte en bockei, c'est qu'il a *peur* de manquer son malade; si, par hazard, un procureur désire et n'ose être honnête homme, c'est qu'il a *peur* d'être montré au doigt; si un *observateur* ne peut se dispenser d'ouvrir toujours les yeux et de toujours prêter l'oreille, c'est qu'il a *peur* d'être noté à la police; si un député gastronome vote toujours au centre, c'est qu'il a *peur* de rater une préfecture.

Pourquoi tel juge ne voit-il constamment que des

dès ce premier moment, un appui dans la population, ce qui ne permettait plus de le repousser, sans armer les citoyens les uns contre les autres.

» Il importe sur-tout de faire remarquer tout ce qui se rattache à la pacification de la France. L'illusion qui, seule, maintenait le gouvernement de Bonaparte, s'affaiblit successivement.

---

coupables ? C'est qu'il a *peur* d'absoudre. Pourquoi certain ministre fait-il le Jupiter à la tribune ? C'est qu'il a *peur* de perdre un portefeuille. Pourquoi des souverains ont-ils déporté un soldat ? C'est qu'ils ont *peur* des revenans.

Tes pourquoi, dit le dieu (le Jupiter), ne cesseront-ils pas ?

Et moi, qui ai de la franchise, mais assez de prudence, c'est aussi la *peur* qui m'empêche de fronder davantage, avec raison, comme l'auteur du *Médisant*, ou avec déraison, comme celui du *Savetier de Chartre*. Toutefois, comme on peut en vers déraisonner plus librement qu'en prose, j'offre un prix au jeune poète qui, dans un poëme ou une ode, capable d'éveiller l'envie, chantera bravement la Peur en songeant à nos aristarques, et ce prix, s'il l'a mérité, sera les Lettres sur Paris ou les Chansons de Béranger ; mais, s'il endort jusqu'à la Peur, qui toujours veille, il devra se soumettre à la peine du talion, et mon libraire, car l'autre prix n'est pas dans ma bibliothèque, lui remettra les œuvres du vicomte Bonald ou celles du baron Pasquier.

On n'eut aucun doute, peu de temps après son entrée à Paris, qu'il nous apportait la guerre étrangère; mais, dans cet intervalle, il s'était emparé de tous les ressorts du gouvernement. Ses forces augmentaient chaque jour par l'appel des anciens soldats; il avait, d'ailleurs, remplacé l'espérance de la paix, par celle des négociations.

» Forcé de s'expliquer sur cette constitution libérale et populaire qu'il avait si pompeusement annoncée, l'attente publique fut trompée à un tel point, qu'un cri d'indignation retentit dans toute la France.

» On découvrit encore, quoiqu'un peu plus tard, qu'il nous avait trompés sur les forces qu'il disait avoir, et qu'il nous sacrifiait à sa situation désespérée. *Les souverains avaient fait des promesses, et l'on ignorait leurs desseins, parce qu'il était resté, en effet, beaucoup de vague dans leurs déclarations.* Les chambres, de leur côté, ne voulaient pas s'exposer à aggraver les maux en employant de faux remèdes. Bonaparte était déjà perdu sans retour avant son abdication. Il ne lui était resté d'influence que sur les simples soldats, qui s'imaginaient le trouver encore invincible. Etranger désormais à la France, comme il l'a été à nos mœurs et à nos véritables interêts, il n'a plus et il n'aura jamais, en

France, de partisans que l'on puisse redouter.

» L'armée, en se considérant comme l'armée de la nation et comme l'armée du Roi, ignore comment elle doit se conduire pour servir le Roi et la Patrie. Le Roi, cependant, n'aura qu'à disposer d'elle pour se faire obéir. La dissolution de l'armée, soit qu'on l'ordonne, soit qu'on la provoque, serait une faute des plus graves.

» Il y a aussi de l'hésitation dans une partie de l'intérieur de la France; il y a même de la résistance sur quelques points. La vérité est, cependant, que la France n'aspire qu'à resserrer son union avec le monarque. Les souverains désirent, sans doute, que la France soit calme et tranquille. Sur toutes les parties de son territoire, il est en leur pouvoir d'obtenir de suite ce résultat. Tout le monde veut obéir au Roi; on ne veut plus séparer les intérêts du peuple de ceux du trône. Les proclamations du Roi rétabliraient sans doute l'ordre public; mais, en parlant à son peuple, le Roi ne pourrait se dispenser de faire entrevoir, du moins en partie, les destinées de la France. En attendant, le peuple ne veut et ne peut juger de l'avenir, que par les promesses des souverains.

» Aucun des dangers que l'on pouvait craindre à l'époque de la paix de Paris, n'existe plus. On avait laissé à Bonaparte un territoire, un titre et un état de souverain; son abdication n'était qu'un traité avec les puissances. Il n'a plus, ni peuple, ni armée, ni prétention. La prudence exige cependant que sa position ne lui laisse plus le moyen de troubler les autres.

» Ses frères n'ont pas les grandes qualités qui donnent de l'influence ; toutefois il convient de les éloigner de la France. Le chef de cette famille survivra, peut-être, à son abdication ; il a d'ailleurs un fils ; et, s'il a manqué quelque développement aux déclarations des puissances, il pourrait paraître nécessaire de les rendre maintenant plus explicites. La situation d'Henri IV, quand il entra dans la capitale, était moins fâcheuse que celle du Roi, puisqu'il monta sur le trône sans le secours des troupes étrangères, et par ses propres victoires. *Sa clémence cependant fut sans bornes*. C'est à ses ennemis qu'il prodigua ses faveurs, ne croyant pas avoir besoin de recourir à ce moyen pour retenir ses partisans.

» On aurait beau multiplier les recherches, *on se convaincra que personne n'a eu connaissance d'aucune conspiration qui ait précédé Bonaparte sur les côtes de Provence* ; et avant d'attaquer qui que ce soit, ne faudrait-il pas d'abord accuser les ministres du Roi, qui n'ont su ni deviner, ni prévenir le départ de l'île d'Elbe ? Après le débarquement, tout ce qui s'est passé

BIBLIOTHEQUE NATIONALE DE FRANCE
3 7502 00854518 0

www.ingramcontent.com/pod-product-compliance
Ingram Content Group UK Ltd.
Pitfield, Milton Keynes, MK11 3LW, UK
UKHW020232220726
13923UKWH00002B/607

9 782019 625504